声に出して不調知らず

超古代の最先端医学

カタカムナの活用術

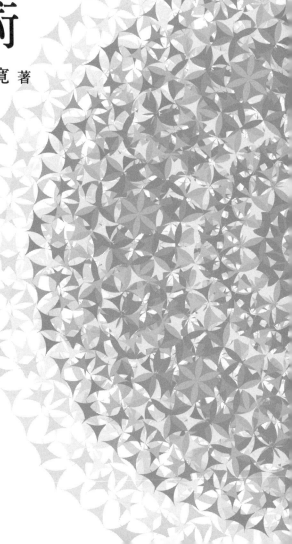

医学博士 丸山 修寛 著

カタカムナを伝えてくださった
楢崎皐月氏や宇野民江さん、
多くのカタカムナ研究者に感謝を込めて

病を癒すカタカムナ文字

特別な文字や数、形、音には病気を治す力があります。そう考えて、これまで、病気を癒すデザイン「クスリ絵」をたくさん作ってきました。その過程で出会ったのがカタカムナです。

私は、カタカムナ文字やカタカムナウタヒを一目見て、これは治療に使えると思いました。そして、20年ほど前からカタカムナを研究して来ました。そのかいあって、今、多くの人がその場で効果を実感しています。たとえガンや難病、原因不明の病気であっても――。

はじめに

本書の目的の一つは、カタカムナを誰でも使える医学として、実用化していくことにあります。もう一つの目的は、日々体験するイヤな現実をイイネに変えるということです。この両者は、カタカムナをすることで同時に果たされていきます。ただ、私が人を治す仕事をしているため、話の多くが治療についての話になりがちですが、カタカムナをして現れる高次元空間には、現実をよい方向に変える力があるので安心してください。

カタカムナで治療すると、ガンの人の頑固な痛みが消え、元気を取り戻すことがあります。抗ガン剤による副作用が減り、ガンが縮小する人、消える人さえいます。ステージ４のような重症のガンが治るわけではありませんが、全てのガンの人のＡＤＬ（日常生活動作）は改善します。

さらに、関節リウマチや多発性筋炎、原因不明の痛みが半減するか消えます。ヘバーデン結節の人は痛みとともに腫れが消えました。頭や顔から汁がしたたり落ちるほどひどいアトピー性皮膚炎の患者さんは、痒みが減り皮膚症状が劇的によくなりました。何十年も続いた頭痛が癒えた方もいます。難治性のぎっくり腰、冷え性も緩和します。カタカムナ医学はあらゆる症状や病気を改善します。それはカタカムナを行っている私が見ても驚くほどです。

カタカムナ医学がなぜ現代医学をもってしても癒えない症状や病気に効くのかというと、現代医学は細胞レベルに作用する一方で、カタカムナ医学は、人間の身体を構成している最小単位である原子や電子に直接働きかけることができるからです。

地球が太陽の周りを自転しながら周回するように、電子は原子核の周りを自転（スピン）しながら回っています。

人が健康かどうかは、究極のところ、原子核と電子の相互作用、電子のスピンの仕方で決まります。スピンの仕方が正常なら健康で、スピンの仕方が異常なら病気になります。カタカムナは電子のスピンの異常を正すことで、人の病気を治し、健康な状態に戻します。

マンガで学ぶ
カタカムナ

難解なカタカムナの世界を
分かりやすくマンガで解説!

主な登場人物

アシアトウアン　　潜在意識くん　　顕在意識くん

アシアトウアン
カタカムナウタヒ
第1首に出てくる
カタカムナの統領

潜在意識くん
自分の中の小さな
神様みたいなもの
何でも叶えてくれる

顕在意識くん
(別名)ドクター・丸山
自分の身体には
自分しかいないと
思っていた

カタカムナを解読して医学に役立てたい
う〜ん
何冊もカタカムナの本を読んだけどわからない！
誰か教えて〜！
ジャジャーン！ぼくはアシアトウアン！
ウタヒの第1首に出てくる人だよ！
まぶしっ
きみが助けを求めるから超古代から来てやったぞ！
カタカムナを医学に役立てたいだって？
そ…そのとおりです…

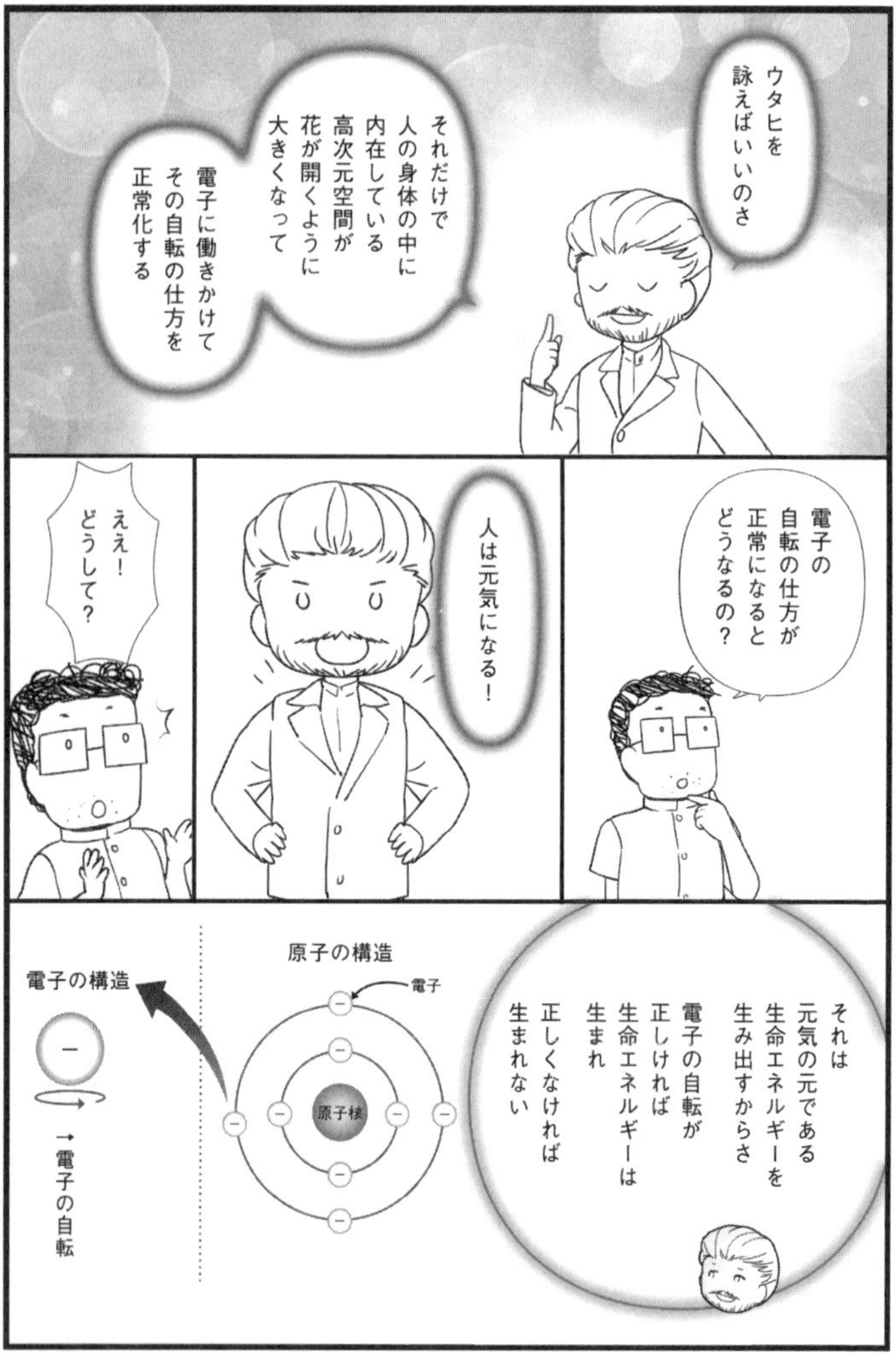
ウタヒを詠えばいいのさ
それだけで人の身体の中に内在している高次元空間が花が開くように大きくなって
電子に働きかけてその自転の仕方を正常化する
電子の自転の仕方が正常になるとどうなるの？
人は元気になる！
ええ！どうして？
それは元気の元である生命エネルギーを生み出すからさ
電子の自転が正しければ生命エネルギーは生まれ
正しくなければ生まれない
原子の構造
電子
原子核
電子の構造
→電子の自転

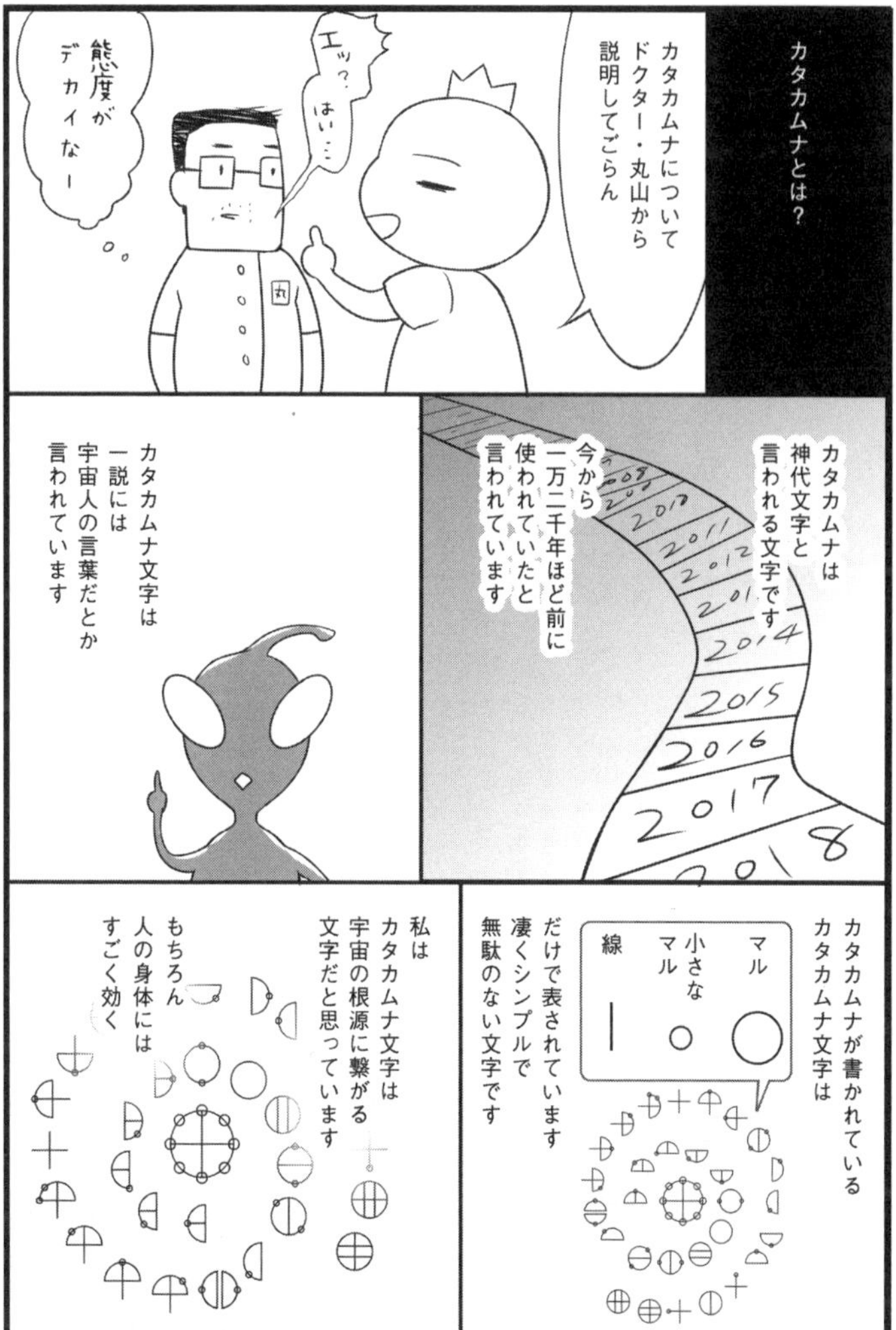

カタカムナとは？
カタカムナについて
ドクター・丸山から
説明してごらん
エッ？ はい…
態度がデカイなー
カタカムナは
神代文字と
言われる文字です
今から
一万二千年ほど前に
使われていたと
言われています
2010
2011
2012
2014
2015
2016
2017
カタカムナ文字は
一説には
宇宙人の言葉だとか
言われています
カタカムナが書かれている
カタカムナ文字は
マル
小さなマル
線
だけで表されています
凄くシンプルで
無駄のない文字です
私は
カタカムナ文字は
宇宙の根源に繋がる
文字だと思っています
もちろん
人の身体には
すごく効く

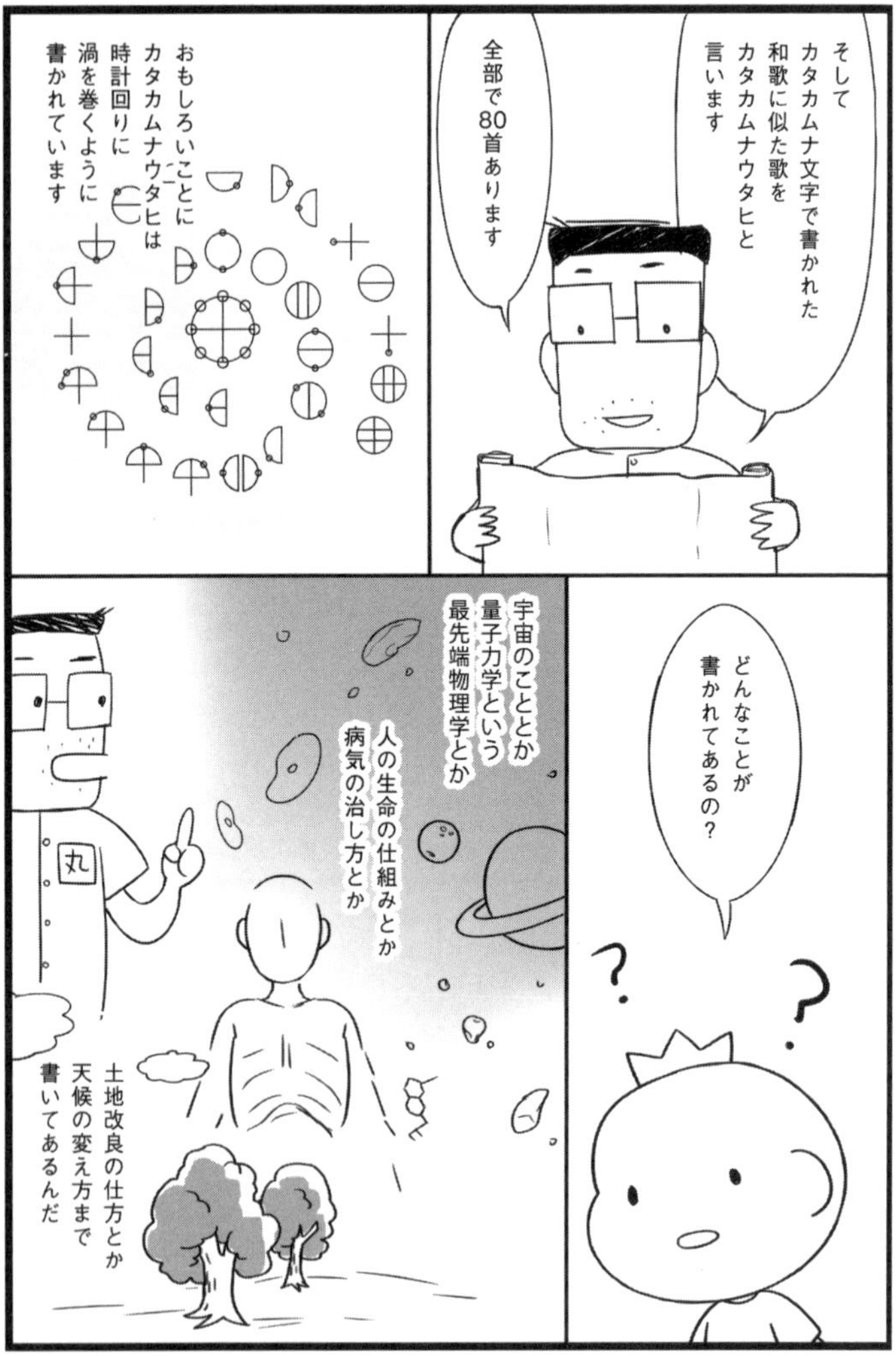
そして
カタカムナ文字で書かれた
和歌に似た歌を
カタカムナウタヒと
言います
全部で80首あります
おもしろいことに
カタカムナウタヒは
時計回りに
渦を巻くように
書かれています
どんなことが
書かれてあるの?
宇宙のこととか
量子力学という
最先端物理学とか
人の生命の仕組みとか
病気の治し方とか
土地改良の仕方とか
天候の変え方まで
書いてあるんだ
丸

カタカムナ
恐るべし
カタカムナ文字や
カタカムナをはじめて
見たのは二十年前に
なるかな…
いつかこれを
医学に用いて
人を治したいと
ずっと考えていたんだ
今になって
ようやくカタカムナを
医学として使えるように
なってきたんだ
ウタヒを
きみと詠ったり
ウタヒを
刻印したもので
人を治すんだ
カタカムナ医学が
広がっていくと
病気になる人は
間違いなく
少なくなる
こんなに
すごいことは
みんなに
伝えないとね

目次

第一章
カタカムナの基礎知識

カタカムナって何

まずはカタカムナとは何かを、おおまかに説明します。

カタカムナは一万二千年以上前、縄文時代以前にあった超古代文明のことです。カタカムナについて分かっていることは、カタカムナ文字という文字と、その文字で書かれたカタカムナウタヒ（以下、ウタヒ）に書かれていることだけです。ウタヒは文章が縦や横ではなく渦状に書かれた、世界に類を見ないものです。そして、ウタヒを一言でいうと、人の病気を原子レベルで治してしまう方法だということです。また、人生に起きる現実を、最善最高の現実に一変させてしまうほどの力を持つ歌だということです。

奇跡の医学カタカムナ

カタカムナは奇跡の医学です。ウタヒを詠うと、ほとんどの人が指先にジンジンするようなバイブレーションを感じます。そして汗が噴き出すほど身体が熱くなる人がいます。ガンによるひどい痛みを訴える人でも、数分で痛みが消え、息がしやすくなると言います。高血圧の人は、日々ウタヒを詠うことで血圧が安定しました。アトピー性皮膚炎の女性は、ウタヒを一日に何度も詠うことでステロイド治療では得られない、健康な肌を手に入れました。これは、まさに奇跡の医学です。

誰がやっても変化を体感

60歳の肺ガンの女性がクリニックに来られました。骨盤に大きな転移があって、痛みのため、立つことも座ることも、横になることもままならないと言います。

ちょうど、彼女の娘さんが一緒に付き添っておられたので、彼女の耳元で10分ほどウタヒを詠ってもらいました。するとどうでしょう。それまで痛みでベッドにうずくまるようになっていた彼女はすっくと立って、診察室に歩いて入ってこられました。彼女に「さっきまでのひどい痛みは?」と聞くと、「まだほんの少しだけありますが、随分いい」と言います。ウタヒは誰が詠ってもよく効きます。

とにかく気持ちいい

ウタヒを自分なりの音やリズムをつけて詠っていると、とにかく気持ちがよくなります。私は音痴なので、時々自分が詠っているウタヒを耳にして吹き出してしまうこともあります。軽いうつ症状のある人は、二、三回、ウタヒを詠うだけで気持ちが明るくなります。

一般的に、気持ちのいいことを夢中でしていると、病気がよくなります。それだけでなく、ウタヒを詠っていると、人生を心から楽しめるようになります。ひどい痒みがある人は痒みが消え、関節に痛みのある人は痛みがその場で消えるか半減します。気管支喘息の人は発作の回数が減り、糖尿病の人は血糖値が下がります。

不思議な魅力のカタカムナ文字

今から一万二千年以上前にカタカムナ文字という、まるで記号のような文字を使っていた人々がいました。この文字は宇宙人から伝わったものだとか、古代中国の八鏡文字ではないかという説があります。カタカムナ文字は、小さな円とそれよりも大きな円、そして十字などの線で書かれた濁点もパピプペポのような半濁点もない文字です。カタカムナ文字は驚くほどシンプルで無駄がありません。それが、この文字の最大の魅力です。一度この文字を知ってしまうと、その美しさとその背景にある奥深さに引きつけられてしまいます。この文字には「何かすごいものがある」と人に思わせるだけの要素があります。それは理屈では説明できないような、肚《はら》で感じてやっと分かるようなものです。

そして、カタカムナ文字は現代の日本語のカタカナのルーツとも言われています。一見すると、これが本当にカタカナのルーツだったとは思えませんが、サやキなどのようにカタカナそのものである文字があるのが見てとれます。

発見したのは科学者の楢崎皐月

カタカムナ文字を発見したのは、楢崎皐月（本名さつき）という科学者です。

１９４９年（昭和24年）楢崎氏が兵庫県六甲山系の金鳥山で大地電気（地表面に存在する電気）の測定をしていた時に、平十字という猟師から「ミトロ池に変な機械が突っ込まれて動物たちが水を飲めずに困っているから、その測定をやめてほしい」と頼まれ、すぐにその通りにしたら、お礼にと、不思議な巻物を見せてもらいました。

その巻物は、平十字氏の父親が神主をしているカタカムナ神社の御神体で、見ると目がつぶれるほどのパワーを持つというのです。

楢崎氏は、平十字氏からカタカムナ人と呼ばれる民族の最後の統領の名前は「アシアトウアン」ではないかということ、そしてその居城が金鳥山の辺りにあり、天孫族の来襲に遭い、戦いに敗れて九州の地に流され死亡したと伝えられました。

楢崎氏によると、その巻物に書かれている文字らしきものは、氏の満州滞在時代に、老子教の蘆有三《ろうさん》道士から聞かされていた、上古代に存在したという「アシア族」の八鏡文字に似ていたそうです。何とか頼みこんで巻物を20日間借りて、急いで正確に書き写しました。巻物に書かれていたのは円と直線から成る幾何学的な不思議な文字。しかも右回りの螺旋に描かれています。

この書き写した原書がカタカムナ文献（カタカムナ）と呼ばれるものです。そして楢崎氏の長年にわたる研究によってカタカムナ文字はカタカナの原点であること、さらにカタカムナ文献に存在するウタヒ80首（五七調の文章）にはカタカムナ人の高度な思想、科学、医学、農学などが記されていることを解読したのです。

高度な知性を感じる造形

私がはじめてカタカムナ文字を見たのは、20年ほど前です。その時、これは病気の治療に使えると思いました。

カタカムナ文字は、今、日本で使われている平仮名やカタカナ、漢字などと違って、文字というよりは記号に近いものです。それも極めてシンプルで覚えやすく、使いやすい文字です。もし宇宙に共通語（文字）があるなら、きっとこんな文字だろうと思うほどです。

実際、今日までカタカムナを研究してきて、カタカムナ文字やウタヒは高度な知性を持った宇宙生命体が作って、それを当時の日本人に教えたものだと私は思っています。それほどの威力がカタカムナ文字やカタカムナウタヒ（以下ウタヒ）にはあるのです。

直線と曲線から成る

ワ（○）のように、曲線だけの形や、ト（十）のように直線だけの文字もありますが、ル（㊀）のように多くのカタカムナ文字は直線と曲線から構成されています。

直線は男性性、曲線は女性性を表します。宇宙は、直線と曲線の二つ、男性性と女性性の二つがセットになって創造されていると言われています。カタカムナ文字は、直線と曲線の二つのパターンが一つになっているので、そこから新たな創造が起こる可能性を秘めています。

そのため、もしあなたがカタカムナ文字で何かしらの文章を書くようになったら、その時に起こる創造の素晴らしさに驚くかもしれません。日本語の代わりにカタカムナ文字で日記を書いていると目がよくなったり、身体の調子がよくなったり、人生そのものが好転する可能性があります。

カタカムナ文字48音

下記にカタカムナ文字48音の図を載せました。カタカムナ文字の一つ一つを右手の人差し指で押さえながら、一音一音を長く引き伸ばして発声してみてください。唱え終わるころには、手のひらか手全体、もしくは身体全体が温かくなるか汗をかくほど熱くなるのを感じるかもしれません。何も感じない人もおられると思いますが、これを4回位繰り返すと、間違いなく何らかの変化を覚えるはずです。

なぜ、このような変化が起こるかというと、カタカムナ文字と発声する音（声）が、人を構

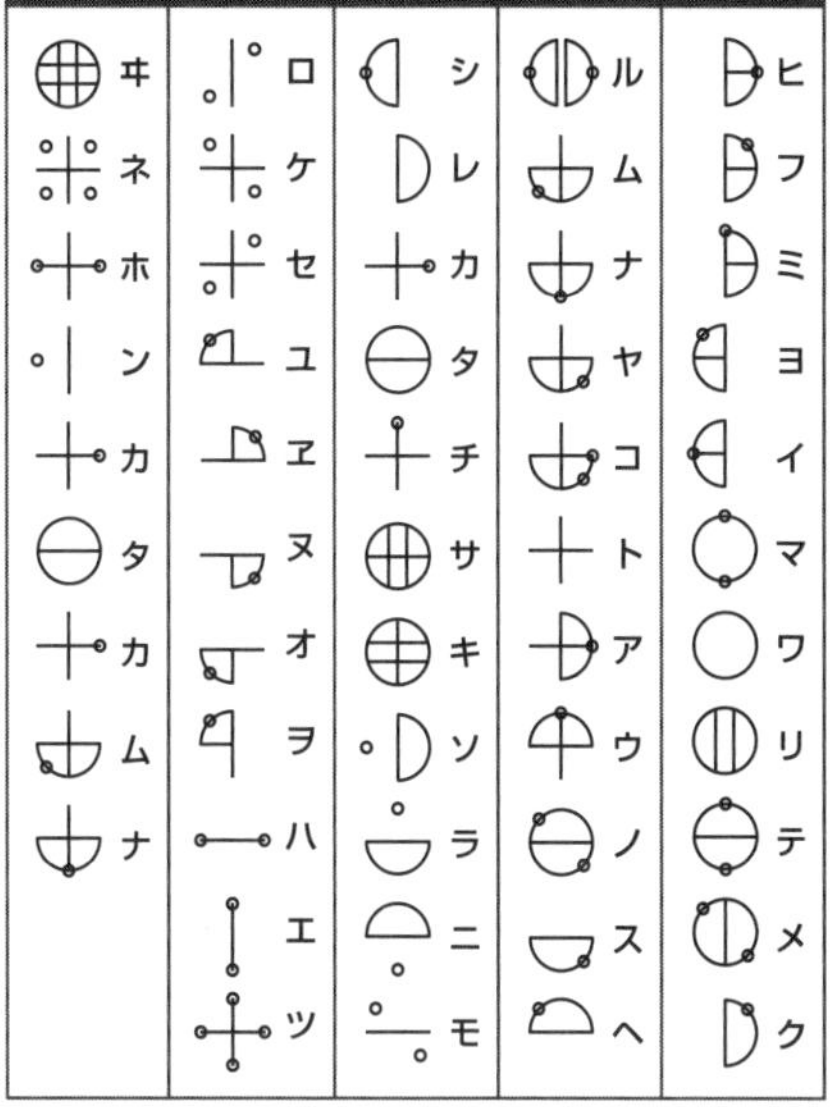

カタカムナ 48声音符図

成する最小単位である原子に、特に原子の中でも電子に働きかけるからです。現代医学ですら、細胞に働きかけるのが精一杯なのに、カタカムナ文字や音は原子にまで作用するのですから驚きです。

カタカムナ数字文字

カタカムナ文字には、ヒフミヨイムナヤコトという数字を表す文字があります。これらの文字をよく見てみると1～5（ヒフミヨイ）までは左向き、右向きの違いはあっても、半円の形が立った状態になっています。6～9（ムナヤコ）までは、半円の形が下を向いています。これは、あとで詳しく説明しますが、1～5までの数字がヤタノカカミを回る方向と、6～9までの数字がヤタノカカミを回る方向が違うことを示しています（P136）。また、10を表すトは半円ではなく十字で表されていますが、これは1～9がヤタノカカミの表面にあって、10はヤタノカカミの裏面の中心に位置することを示しています。これについては第八章で詳しく説明します。

ワーク

1～10までのカタカムナ文字に触れるだけでも、人の身体は原子レベルで変化します。簡単なのでカタカムナ文字を1～10の順番に10回程度一つ一つ右手の人差し指で押さえてみましょう。この時、「1、2、3…」と読まずに、「ヒ、フ、ミ、ヨ、イ、ム、ナ、ヤ、コ、ト」と読むといいでしょう。できれば、「ヒー、フー、ミー、ヨー、イー、ムー、ナー、ヤー、コー、トー」と母音を伸ばして発音してください。

カタカムナの数字

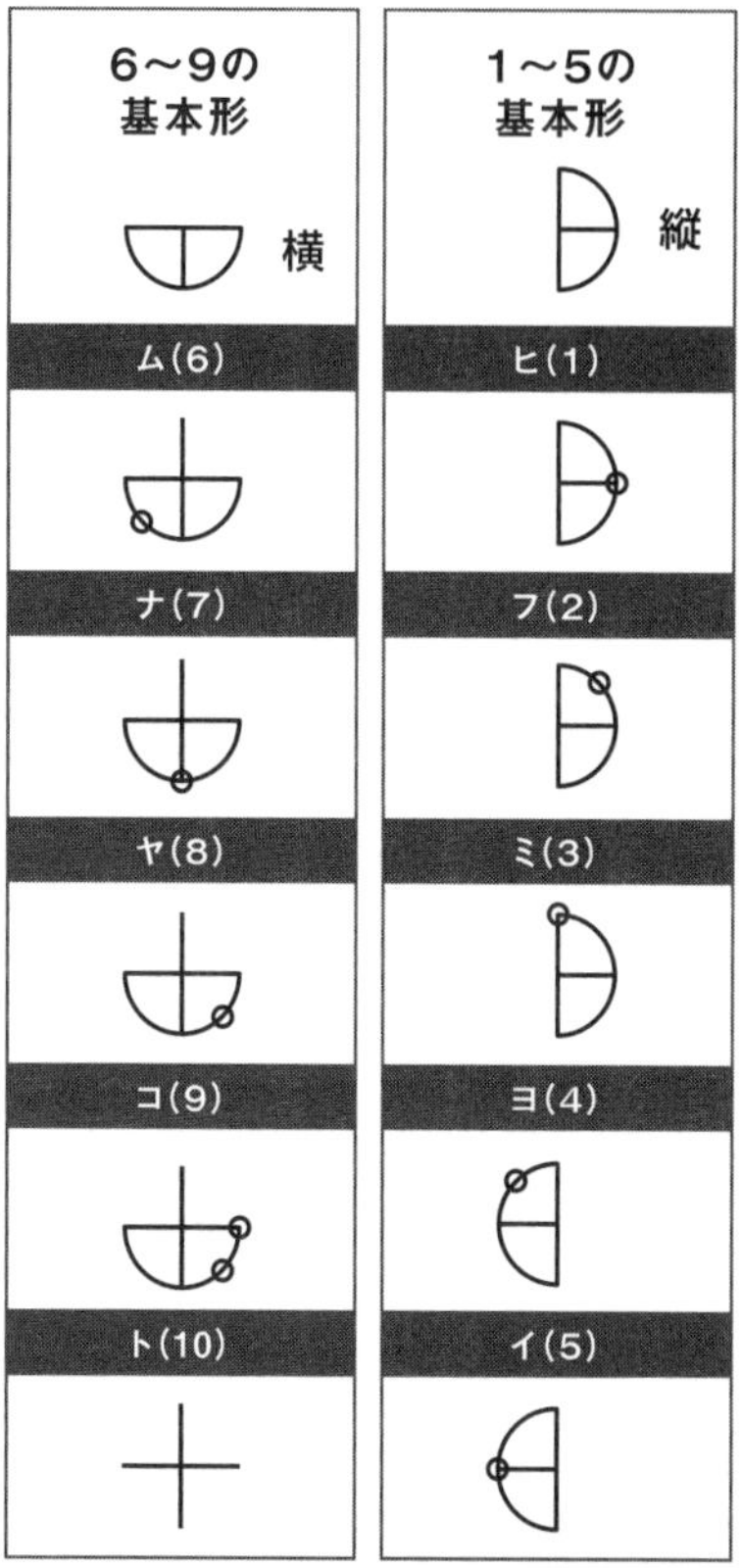

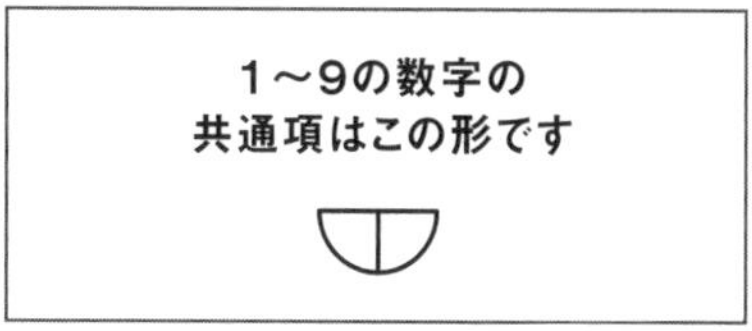

まったく同じ形

ウタヒ第6首は、「ソラニモロケセ　ユヱヌオヲ　ハエツヰネホン　カタカムナ」です。6首内「ユヱヌオヲ」はまったく同じ一つの形が、回転（自転）したり反転することでできています。ユヱヌオヲは、電子の立体的な自転、また、電子が原子核の周りを自転する様子を表しています。

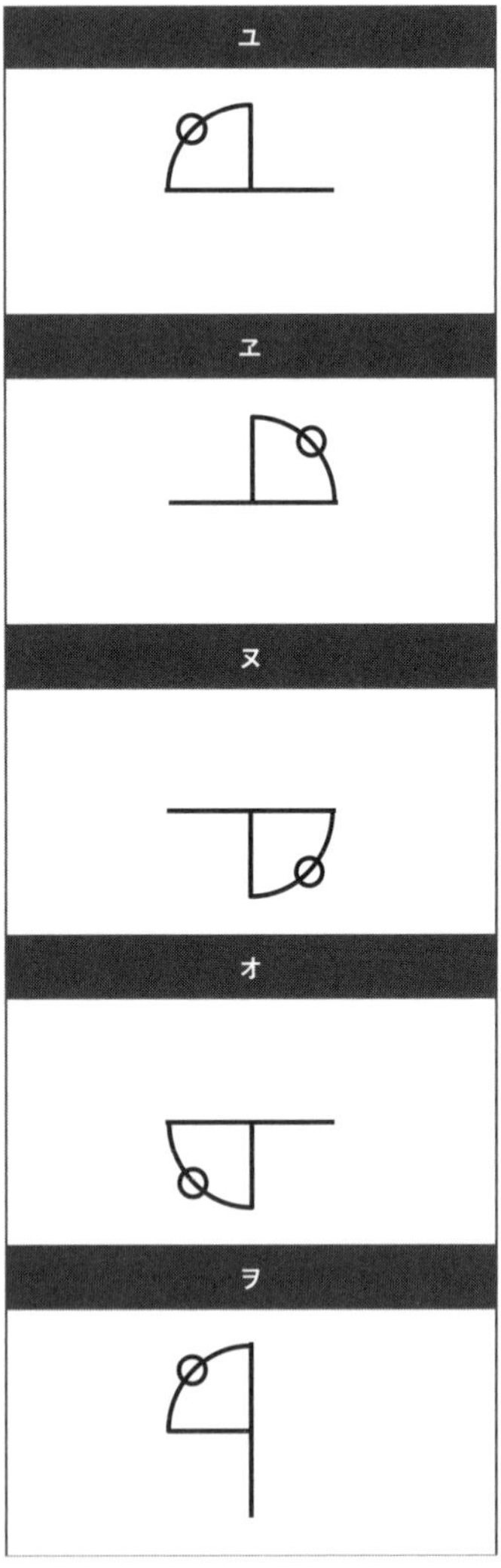

カタカムナ文字とムーンサルト

同じ形の文字が回転や反転している様子を見ると、体操の大技「ムーンサルト」を思い出します。ムーンサルトをスローモーションで見ると、床に着地するまで、回転したりねじったり逆さまになったりと、様々な方向を向いていきます。

電子も人がムーンサルトをしている時のように、立体的な自転を起こしています。カタカムナ文字やウタヒを詠った時の声（音）は、電子に作用し、電子の自転の仕方を本来あるべき姿に一瞬で変えます。その結果、高い確率で症状は消え、人は癒されます。

小円の位置

カタカムナで数字を表すフとミやムナヤコを見ると、同じ形でありながら小円の位置だけが変化していることに気がつきます。これは、小円の場所が振動の中心であることを意味します。つまり、振動の中心が変われば、同じものでも違って見えてくるということを表します。これはまさに、最先端物理学の超弦理論のことを言っているのではないかと思われます。ヒモは振動の中心を変えることで、元が同じものでも別のもののように振る舞い、別の働きをします。

ヒフミヨイ
ムナヤコト
と数字の対照表

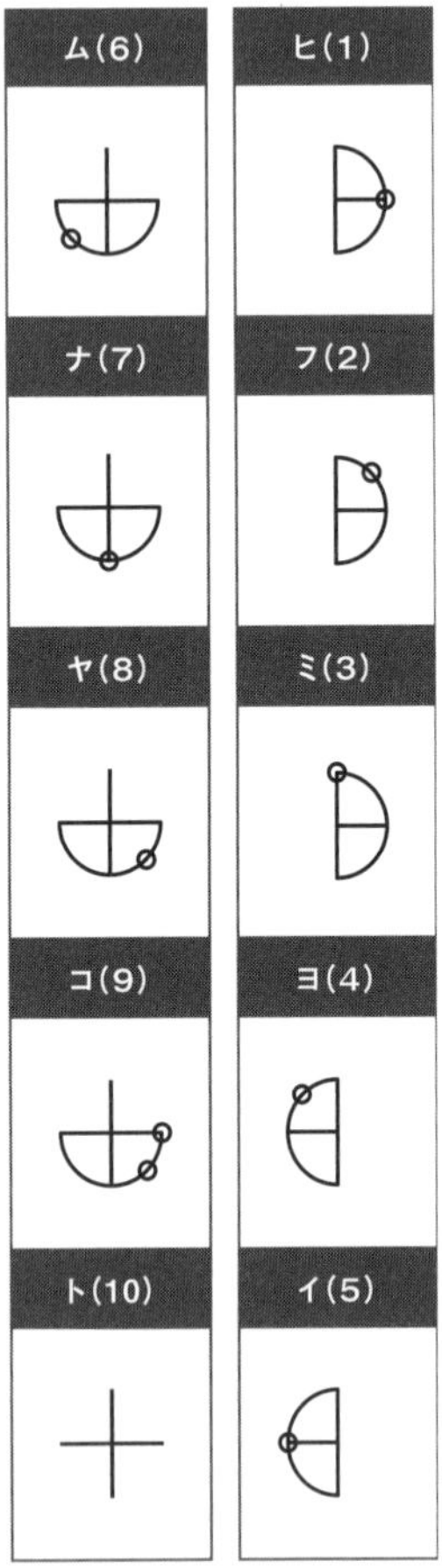

物質の最小単位は振動する〝ヒモ〟

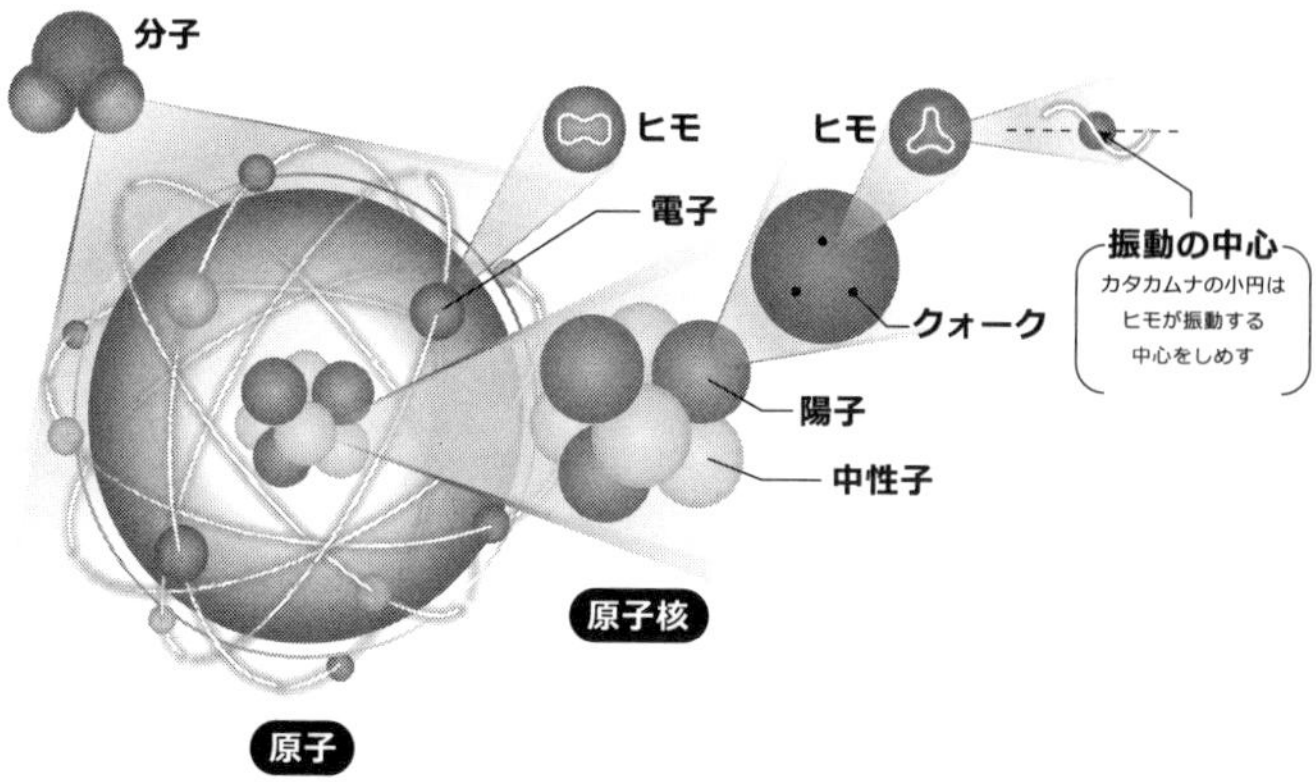

最先端物理学では、物質の最小単位は振動する〝ヒモ〟であると言われています。振動には中心があります。ヒモのどの部分が中心となって振動するかによって、形や働きが違って見えます。

カタカムナ文字の5つの基本形（エレメント）

カタカムナ文字を初めて見た人は、文字というより、何かの記号だと思うかもしれません。記号は、文字に比べて法則性があります。そこでカタカムナ文字を大まかに分類してみることにしました。

カタカムナ文字48音を分類すると、38・39ページの表のように5つの基本形が浮かび上がってきます。この5つの基本形から、様々な言葉が作られています。ウタヒ第4首の冒頭に、「イハトハニ　カミナリテ」と書かれています。「イ」は、永遠に神という意味です。カタカムナ文字では、「イ」は5を表します。「イ」は、5つの母音のことを言っているのですが、同時に、これら円、半円、1/4円、十字、線の5つの基本形を表しているのかもしれません。

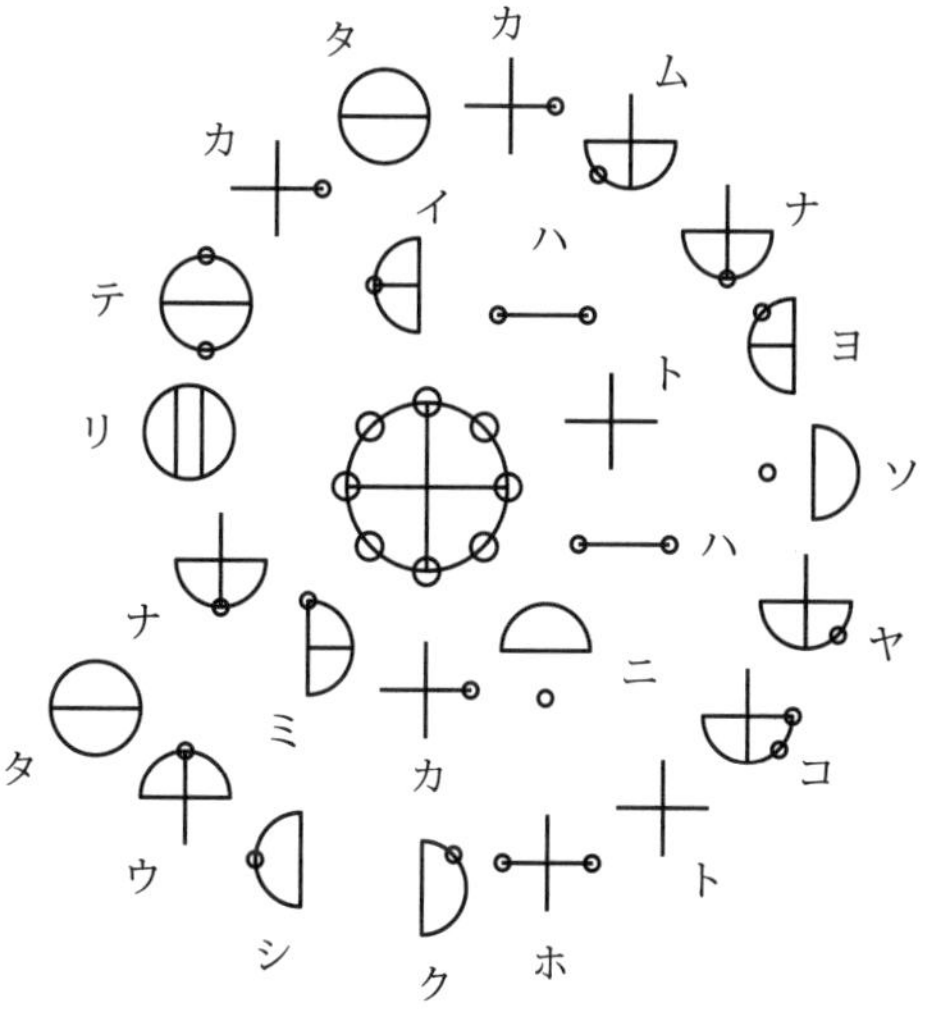

第4首

「イ」は5つの母音を表すと考えています。カタカムナ文字の5つの基本形も「イ」なのかもしれません。

カタカムナ文字48音を5つの基本形に分類する

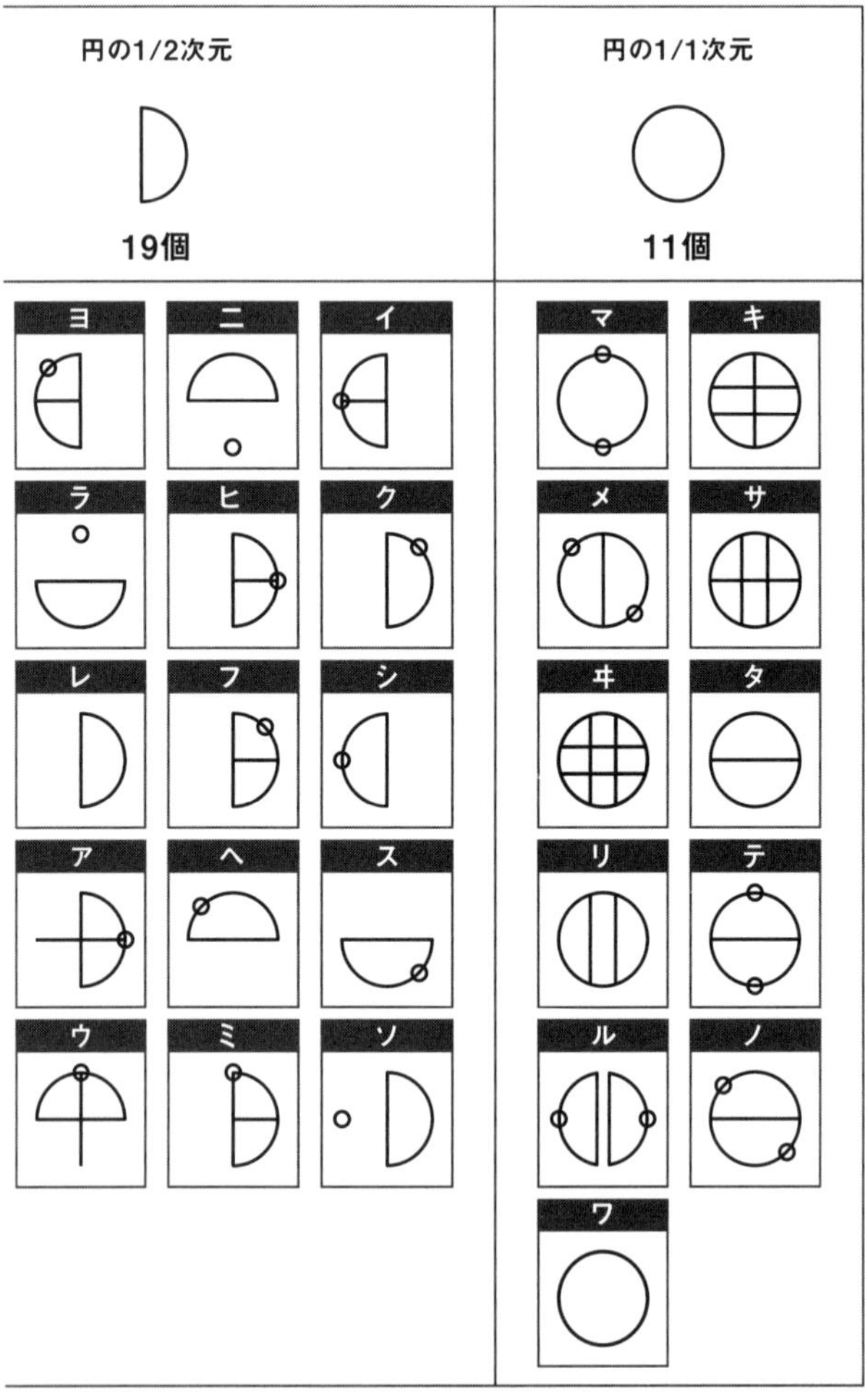

立体のヤタノカカミは球体です。円や半円、1/4 円の円の部分は球体の表面を意味し、直線は球体の表面ではなく球体内部を分割する線を表しています。

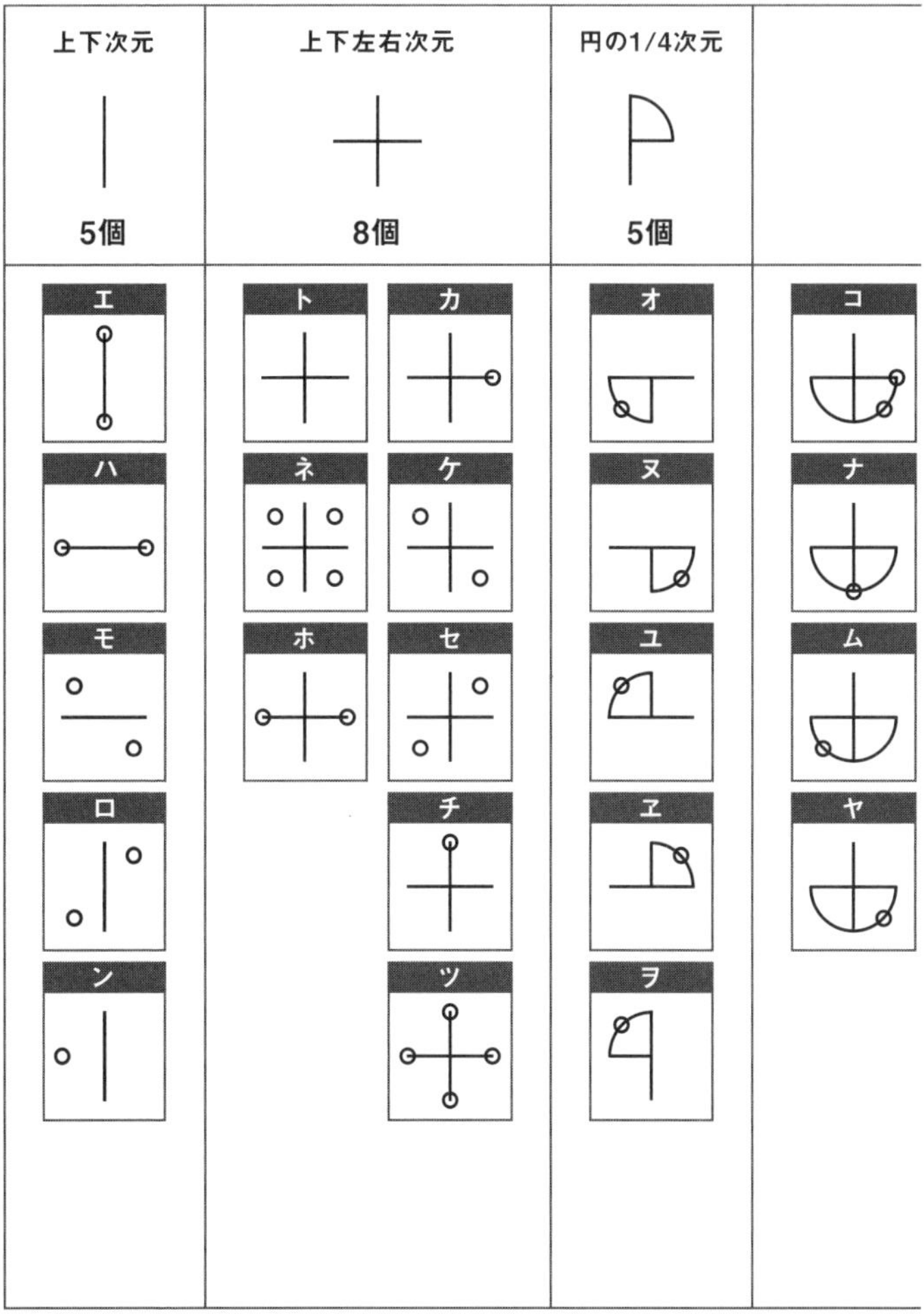

カタカムナ文字の回転軸

回転するためには、軸が必要になります。1（ヒ）、2（フ）、3（ミ）、4（ヨ）、5（イ）は、左右の向きこそ違いますが、半月が直立したような形をしています。これは、回転軸が垂直であることを表しています。

6（ム）、7（ナ）、8（ヤ）、9（コ）は、亀がひっくり返ったように、半月が仰向けになった形になっています。これら6（ム）、7（ナ）、8（ヤ）、9（コ）を見ると、コマのような形をしていて、回転軸が垂直であることが分かります。

ヒフミヨイ
ムナヤコト
と数字の対照表

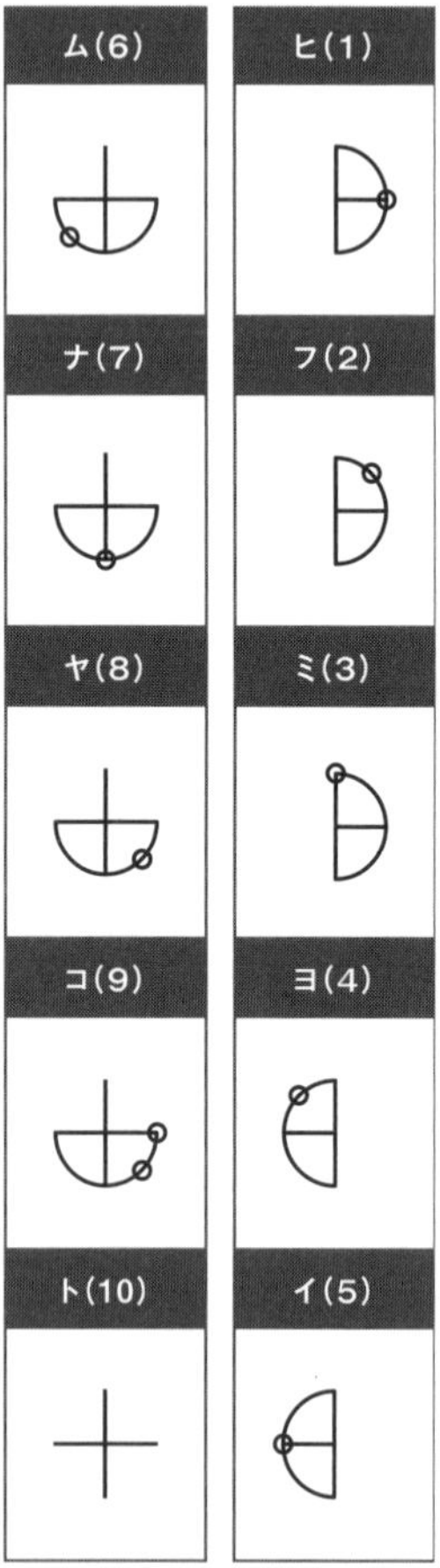

タテの線を中心軸として
360度回転させると、
このような
立体物になります。

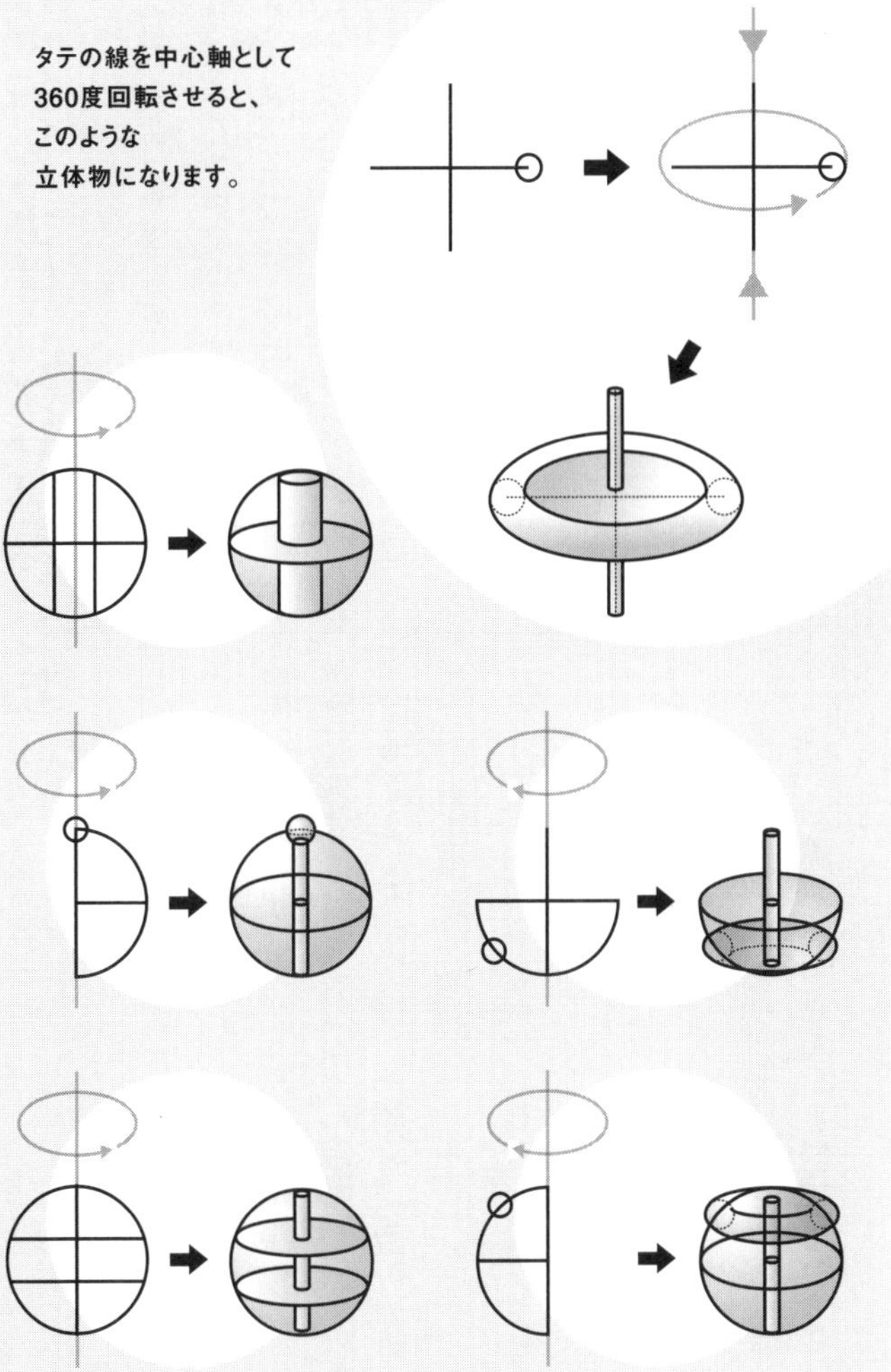

カタカムナは立体文字だった

　カタカムナ文字は紙に書かれた文字ですが、本来の姿は立体文字です。それも、球から生まれた立体文字です。上古代では立体文字を表記する方法がありませんから、やむなく平面文字として今のカタカムナ文字で書かれたのです。

　カタカムナ文字を立体で作ってみると、平面図形では分からなかった秘密が分かります。二次平面（二次元）で円と思われたものは球を上から見たもの。直線は単なる直線ではなくピラミッドの稜線や円弧の一部である可能性があります。

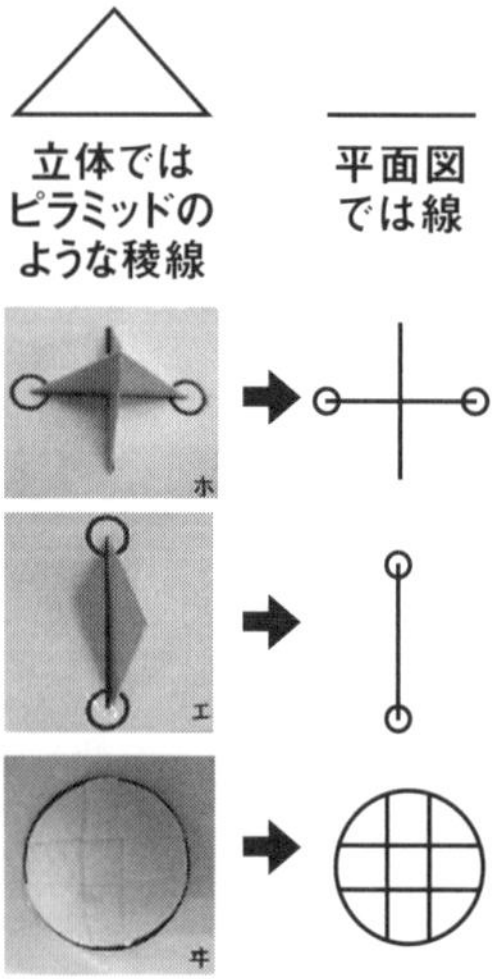

　実際にカタカムナ立体文字でウタヒの第5首を作り、その上に手をかざしたことがあります。その時、指先に風が吹いてくるのを感じました。この風はおそらく、三次元世界に高次元世界のエネルギーが渦を巻いて入ってきたために発生した風だと思われます。

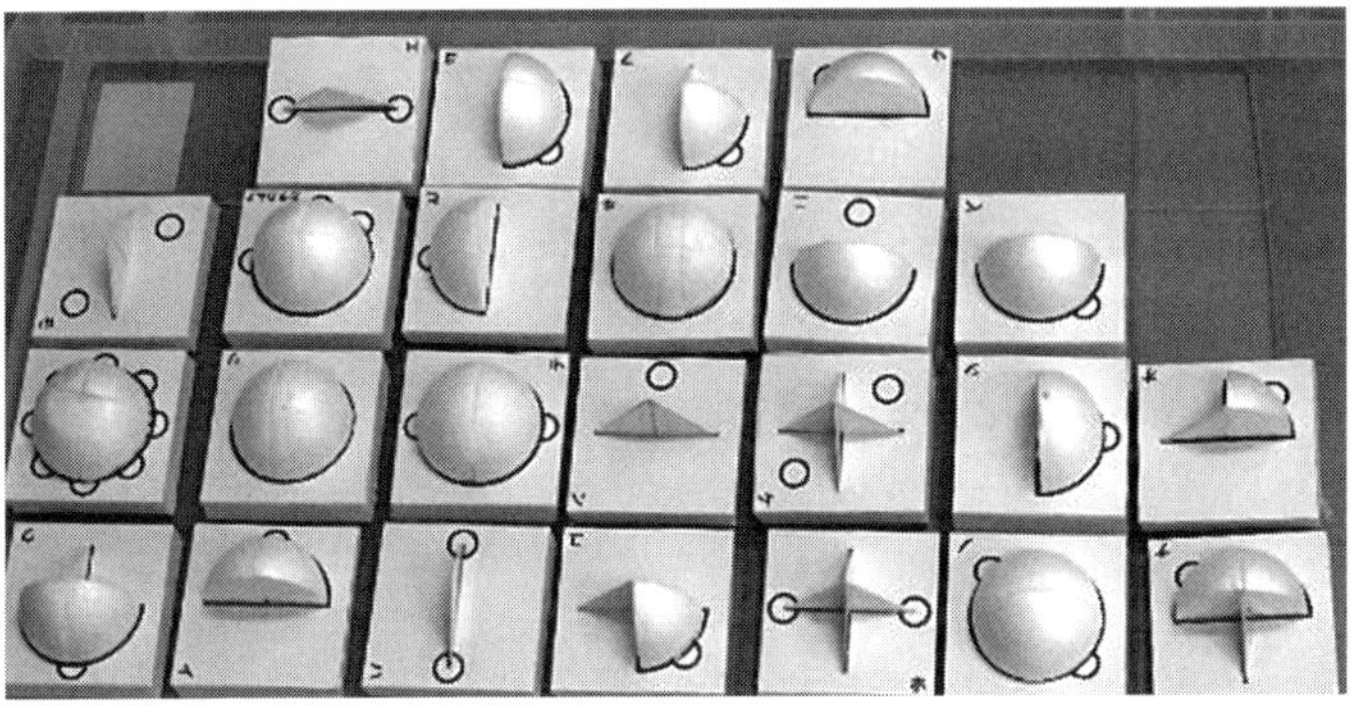

立体のカタカムナ。これこそが、本来のカタチなのです。

平面から立体にすると、真実が見えてくる

立体を平面図に落とし込んだ平面図よりも立体そのものの方が情報量は多くなります。二次平面図と三次元立体に水を入れた場合、圧倒的に三次元立体の方が多くの水を入れることができます。水をエネルギーや記憶、情報に置き換えてみると、三次元立体の方がより多くのエネルギーや記憶、情報を入れることができます。私たちは日常生活で立体のものを使いこなしながら、絵や文字や数字を書く時、二次平面に書きます。これは、次元が一つ下がることになります。私たちが文字や数字を立体に置き換えて考えていくと、人の意識や脳の働きはそれだけでも高次元化します。

カタカムナ文字と回転

この宇宙にあるものは、銀河をはじめ地球、電子に至るまで全ての創造物が回転しています。回転は宇宙を貫く創造の原理です。回転は振動（波動ともいう）と同じです。つまりこの宇宙空間において全てが振動してるということ。人も例外ではありません。人の臓器、細胞、血液、リンパ液、細胞を構成する原子、電子に至るまで全て回転しています。振動（回転）することにより万物はエネルギーを生み出します。生命エネルギーの源は回転なのです。人体が健康かどうかは、電子の振動の仕方、つまり回転の仕方で決まります。地球は太陽の周囲を回りながら、同時に自らも回転しています。それを自転といいます。電子も自転していて、電子の自転をスピンといいます。電子のスピンが正しければ生命を育むエネルギーが生み出され人は健康になります。一方、電子のスピンに異常がある時は、生命を育むエネルギーは奪われてしまうため病気になります。病気が治るかどうか、健康でいられるかどうかは、この電子のスピンの状態にかかっているのです。ウタヒと人の意識が共鳴すると、電子のスピンは正常に戻ります。ウタヒにはスピンを正常にする情報を電子に与える作用があるのです。

宇宙と原子の構造は相似

例えば「太陽系」と「原子」は、同じ構造をしています。太陽系は、太陽を中心に、周囲を惑星が回ります。原子は、原子核を中心に、周囲を電子が回ります。これらは相似の関係です。

相似はカタカムナの中心的な考え方です。これは「上（高次元）にあるものは、下（私たちが住む次元）にもあり、下にあるものは上にもある」ということでもあります。そして、上と下は、鏡の関係になっていて、上は下に、下は上に影響を及ぼすということです。

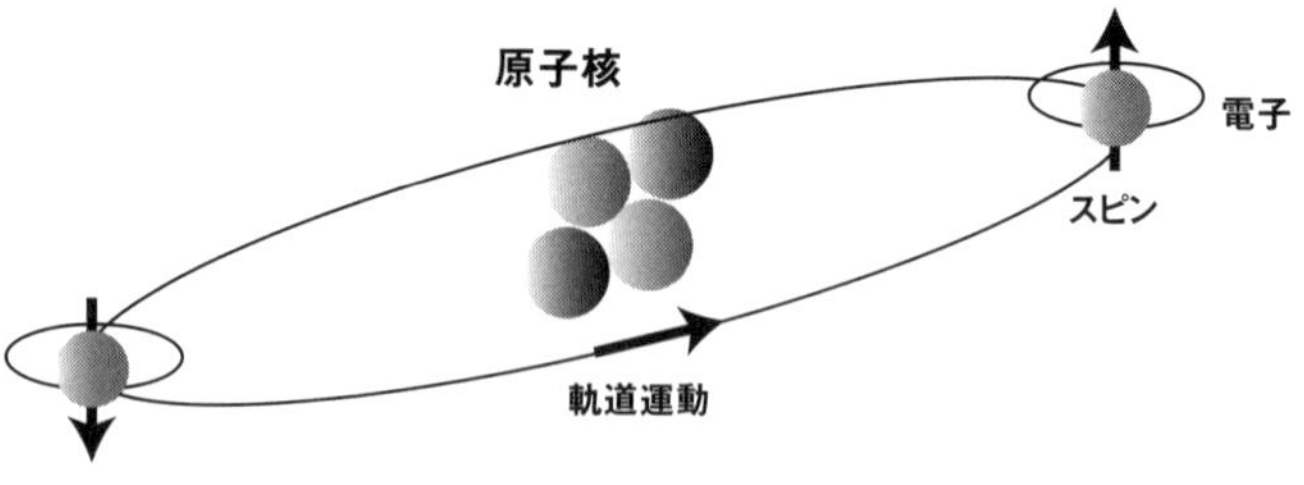

原子の構造

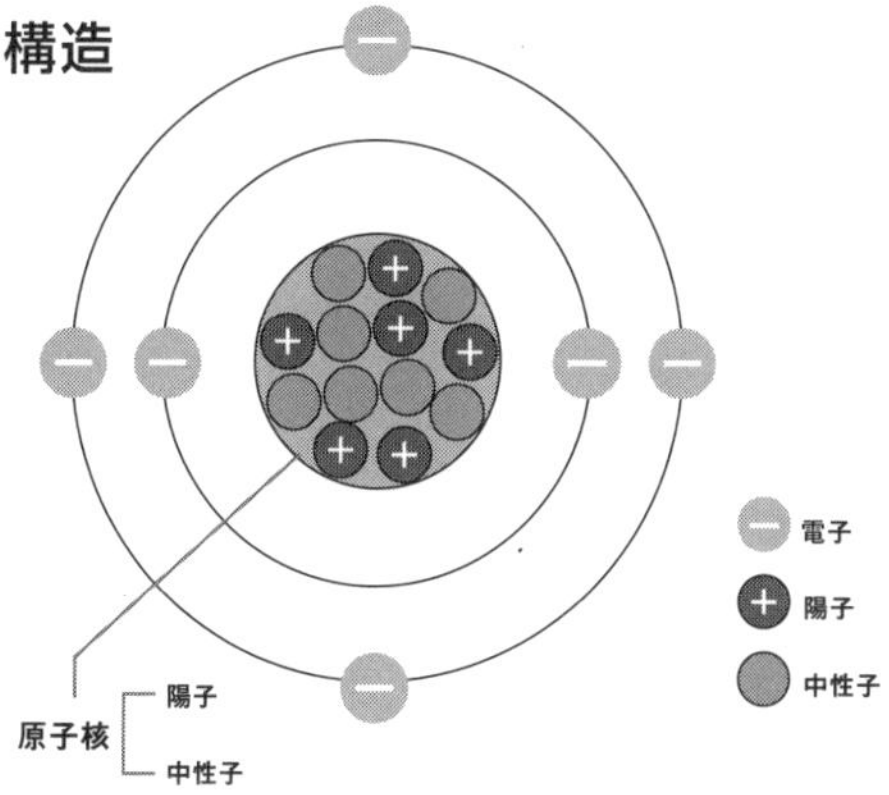

太陽系の動き

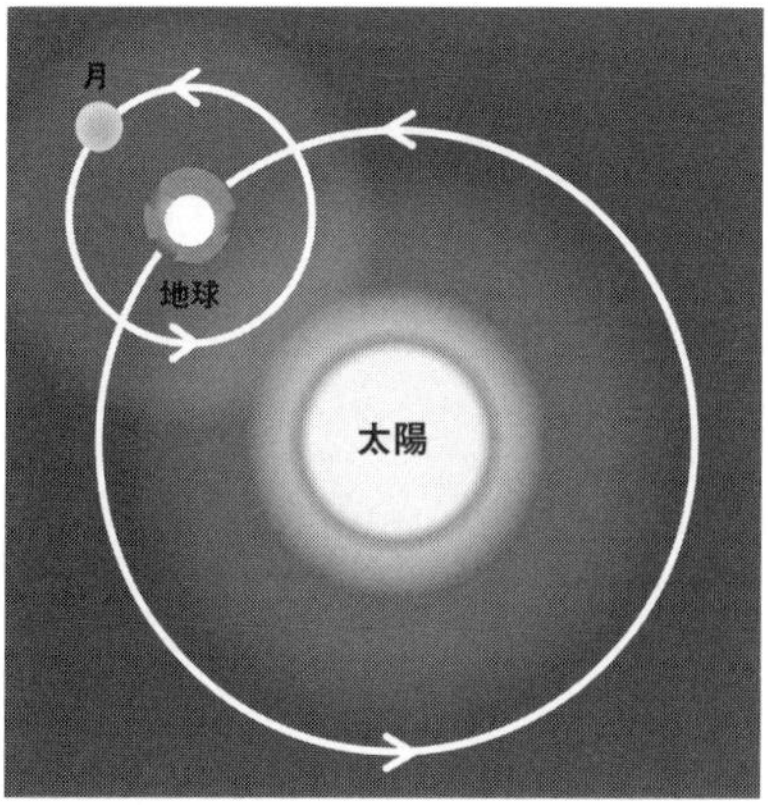

声音符と図象符

カタカムナ文字には、一つ一つの単音を示す「声音符」と、複数の単音を重ね合わせた「図象符」があります。図の右側が声音符で、左側が図象符です。図象符は、いくつかの声音符を組み合わせて作られます。ウタヒを詠んでいくうちに、図象符が多くなって戸惑う人もおられるかもしれませんが、読み方が書かれているので安心してウタヒを詠うことができます。

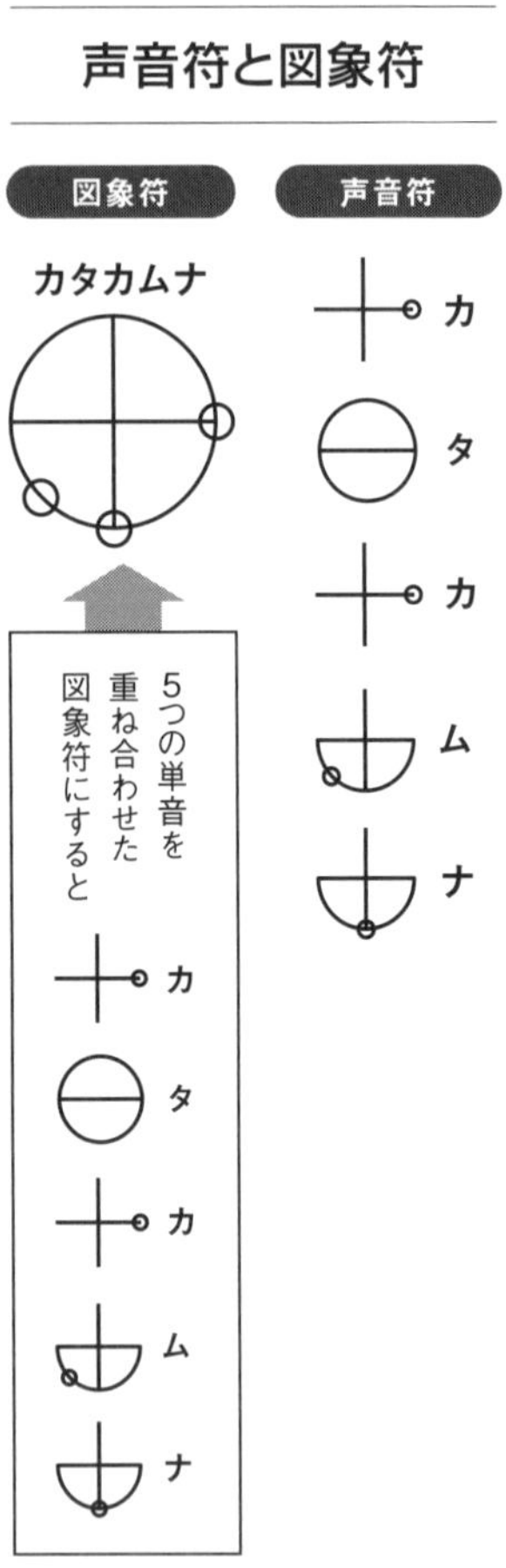

図象符は、いくつかの声音符を合成したものと考えられます。

文字のダウンロード

カタカムナ文字を自分の中にダウンロードすると、身体を構成する最小単位である電子のスピンの仕方が正常な状態になりやすくなります。まずは、一つ一つのカタカムナ文字をよく見ます。それから、その形を目を瞑ったまま瞳の奥にイメージします。次にイメージしたカタカムナ文字を眉間の真ん中あたり、サードアイ（第三の目）と呼ばれる場所にイメージします。よくインドの人たちが眉間に印をつけている場所です。眉間にイメージしていたカタカムナ文字を、脳の中心に持っていき、それから真っすぐ下に降ろしていき、ハートの領域（両バストトップの間）で保持します。

カタカムナ文字は48音あるので、毎日数個ずつこれらのプロセスを行ってみてください。これをすることで、高次元や多次元とアクセスしやすくなります。その結果、インスピレーションを受けやすくなり、物事がスイスイと進むようになります。

全く同じ形をした
カタカムナ文字が
あるよね
たしかに
これらは
ただ向きが違う
だけだよね
これって
電子が立体的な
回転（自転）を
している様子を
示しているんじゃ
ないかな
原子
電子
ぼくも
そう思う
そしてこれらの文字は
実際に存在する
電子の自転の仕方に
影響を与える
それは
おもしろい
考えだね

正常
異常
電子の自転の仕方が狂っていた場合でもこれらの文字や文字の音を作用させると
電子の自転が正常な状態に戻る
病気の原因は電子の自転の異常だから自転が正常に戻ると病気は治る
すると一瞬でやった～バンバンザイってことも起こることがある

第二章

ウタヒの持つ力

ウタヒそのものがクスリ歌

ウタヒにはすごい威力があります。それは、ウタヒの内容を理解しなくても簡単に症状が改善したり、健康になれるということです。ウタヒそのものが、すでにクスリ歌（クスリかクスリ以上の力を持つ歌）なのです。したがって、本書では80首のウタヒを誰でも使える医学として実用できる方法に特化して説明します。

和歌のようなリズム

カタカムナの文化や文明に関する文献には、カタカムナ文字で五七調の和歌に似たリズムを持つ（中には字余りもある）ウタヒが残されています。ウタヒは、タテやヨコではなく、渦に描かれるという珍しいものです。現在公開されているウタヒは全部で80首あります。ウタヒは、和歌と同じように1首、2首と数えます。どのウタヒにも凛とした神様に奉納するにふさわしい神聖さが備わっています。

元来ウタヒはカタカムナ神社のご神体と言われているので、神聖さを持っているのは当然かもしれません。驚くべきことに、80首あるウタヒには例えば、ピラミッドがなぜエネルギーを発生させ、蓄えておくことができるかについても書かれています。

ピラミッドは石積みが段々になっています。カタカムナウタヒによると、この階段状の構造こそがピラミッドの内部にエネルギーを蓄える仕組みになっているというのです。階段には、足を乗せる水平な部分と、高さを上げるための垂直部分があります。垂直部分と水平部分の境はまるで舟の舳先（ヘサキ）のようにとがっています。階段は現代科学では、とがった先端部分に電気が集まりやすいと言われています。階段はとがった先端がいくつも連続していることで、そこに電気をはじめとする様々なエネルギーを蓄電池のように集めています。その仕組みを表しているのが、第63首のウタヒ「ヘサカルカムミ　ウツシツミ　ムネニ　タナマタ　オクソキ　タナココロ　ノセ」のヘサカル（ヘサキが栄える、ヘリにエネルギーが集まる）という言葉です。ヘサカルを利用すれば人を健康にし、症状を消し、病気を癒すこともできます。

また、ウタヒの第2首・第3首・第5首にはフリーエネルギーを作る装置の原理が書かれています。実用化されればすごいことになります。さらに、ウタヒには病気の治療や健康に役立つ、様々な情報が書かれています。本書では詳細は割愛しますが、私が人の治療に使っている治療器具は、全てウタヒの情報を基に作成したものです。

国会議事堂も〝ヘサカル〟構造だった!?

国会議事堂の上部の形は、ヘサカルの作用が発生しやすいピラミッドと同じ構造をしています。凸構造と反転した凹構造を交互に作ると、そこに大気や大地からのエネルギーが集積しやすくなります。このような大地で作物を育てると、よく育ち、人も元気になります。日本の段々畑も、ヘサカルの働きによっておいしい作物が採れるのかもしれません。

エジプトのピラミッドが造営されたよりもはるか昔にカタカムナ人はピラミッドの構造の意味を科学的、または直感的に知っていたのです。そして、ピラミッドの構造を使って高次元世界の空間をこの三次元世界に誘導していたのです。

国会議事堂

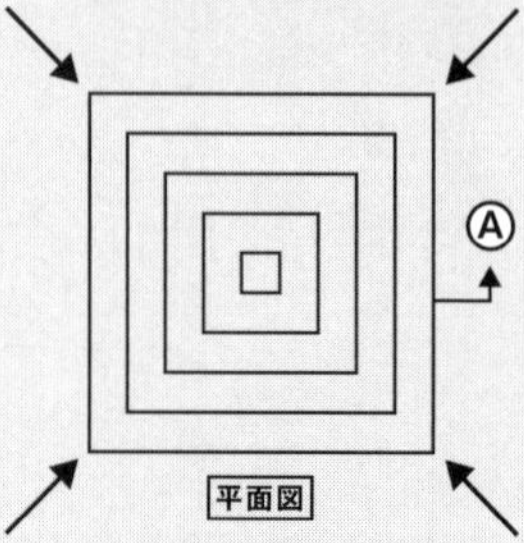

特に矢印部分は
船の舳先（ヘサキ）のようになっていて、
エネルギーの出入りが活発になっています。

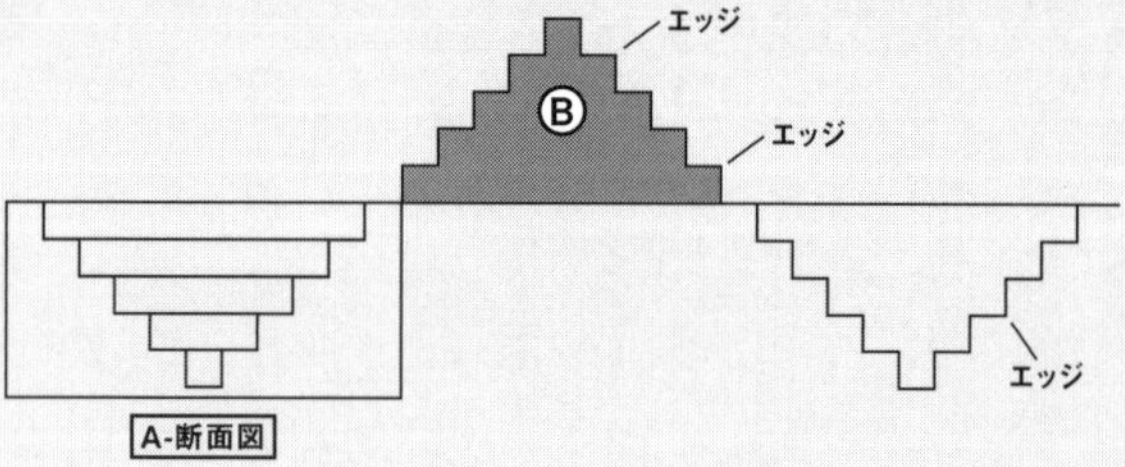

なぞるだけで指が温かくなるウタヒの神秘

　ウタヒを眺めているとその美しさに心を奪われてしまいます。静止している図形でありながらも、なぜかそこに動きを感じてしまいます。このデザインを見ていると、もし神様がいて神様が詠う歌があるとしたらこれだろうなぁと思います。

　ウタヒを人差し指でゆっくりとなぞっていくと、指先が熱くなったり、指先に微細な振動を感じたりすることがあります。突然、キーンという耳鳴りがすることもあります。これらは、高次元空間が表出してくる時のサインです。ウタヒを詠うと、プラトン立体と相似形をした目に見えない光の立体がその場に現れ、その立体を介してまるで花のつぼみが開くように、それまでごく小さく折りたたまれ、圧縮されていた高次元空間が身体の内側や外側の空間において膨らみ、拡大していくのです。その時、私は自分の周りに風が吹くのを感じます。この風は、三次元と高次元の間に渦状のねじれ場が生じた時に起こります。高次元空間が身体に浸透してくるため、その圧力によって後ろにのけぞることもあります。高次元空間という概念がなかった超古代の人は、その様子を視て、神が降臨したと考えたのでしょう。

ウタヒは、まさに現代版、神降ろしのウタといえるでしょう。ウタヒを介して、あなたの身体の中で花開いた高次元空間はあなたと一つになります。そして、電子のスピンを元の正しい状態に戻し、人を癒し、空間、場を浄化します。ウタヒを使うと、超古代の人々が憧れていた神人合一が一瞬で起こります。

ウタヒの中心図形

80首のウタヒには、中心となる図形があります。

ウタヒの第1首は、中心の図象がシンプルな円形になっています。これを「ミクマリ」といいます。第2首の中心図形は「ヤタノカカミ」といいます。特徴は、円に十字があり、円の外周に等間隔で8つの小円が配置されていることです。第3首は、円に十字とひし形が描かれた「フトマニ」という中心図形が配置されています。フトマニは、80首のウタヒのうち7首に使われており、ミクマリは第1首と第15首の2首にしかありません。その他の71首は、全てヤタノカカミが使われています。これら中心図形本来の姿は立体で、それも超立体と呼ばれる高次元の立体です。ここでは主に平面の中心図形について説明しますが、後の方で中心図形の超立体について解説します。

カタカムナウタヒ80首の中心図形

中心図形は、私たちが住む三次元世界と四次元世界との接点を表していると考えています。

中心図形1：ヤタノカカミ

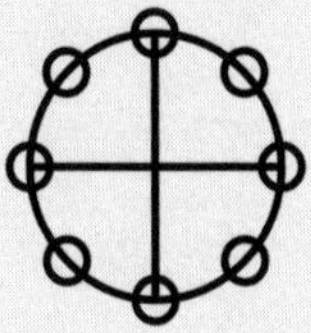

ウタヒの中で最も多く使われている中心図形。全ウタヒのうち、実に71首もの中心に描かれています。第2首では「ヤタノカカミが、カタカムナの神である」と詠われています。なぜ、カタカムナの神なのかというとヤタノカカミこそ、物質や生命を創造する源だからです。

中心図形2：フトマニ

ヤタノカカミの次に多い中心図形です。全ウタヒのうち7首の中心に描かれています。菱形に＋（プラス）の図形は、立体であるピラミッドを上から見たものを平面に表した二次平面図です。フトマニは球体の中に上下逆の二つのピラミッド（正八面体）が収まっている様子を表したものや球体に4つの円を描いたものの可能性があります。

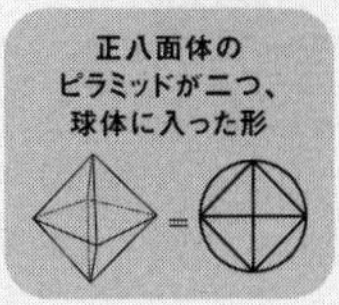
正八面体の
ピラミッドが二つ、
球体に入った形
=

中心図形3：ミクマリ

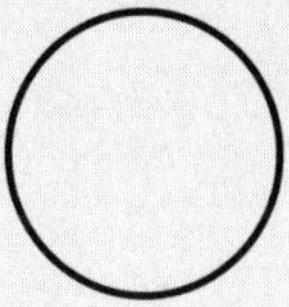

全ウタヒのうち、第1首と15首の2首にだけ使われている中心図形です。ミクマリは円というより、球体を表しています。また母胎を意味しているようです。つまり、全てを生み出すことの象徴と考えられるでしょう。「あらゆる要素が和して、あらゆるものが発生する」状態を示しているのです。

ウタヒはなぜラセン？

ウタヒを見ていると身体の中を何かが動いているような感覚に陥ることがあります。これはウタヒが右回りのラセンで書かれているためです。このラセンは平面に書かれていますが、まるでリンゴの皮を一続きになるように剥き、一方の端を持って垂らしたように感じます。また、人によっては、竜巻が立ち上がるように感じるかもしれません。

一方で、なぜウタヒがラセンに描かれているのか不思議に思う人も多いのではないでしょうか。ただ単に情報を伝えるだけならば、このように右回りのラセンにウタヒを書く必要はありません。右回りのラセンに書いたのは、一つ一つのカタカムナ文字が回転（自転）しながら平面から立ち上がるように上がっていく様子を表現するためだと考えられます。実際、カタカムナ人たちは、カタカムナ文字やウタヒを立体的に詠んでいたようです。しかし、立体をそのまま表記する技術を持っていなかったのでやむなく平面文字をラセン形に配置して、立体に近づけようとしたのです。

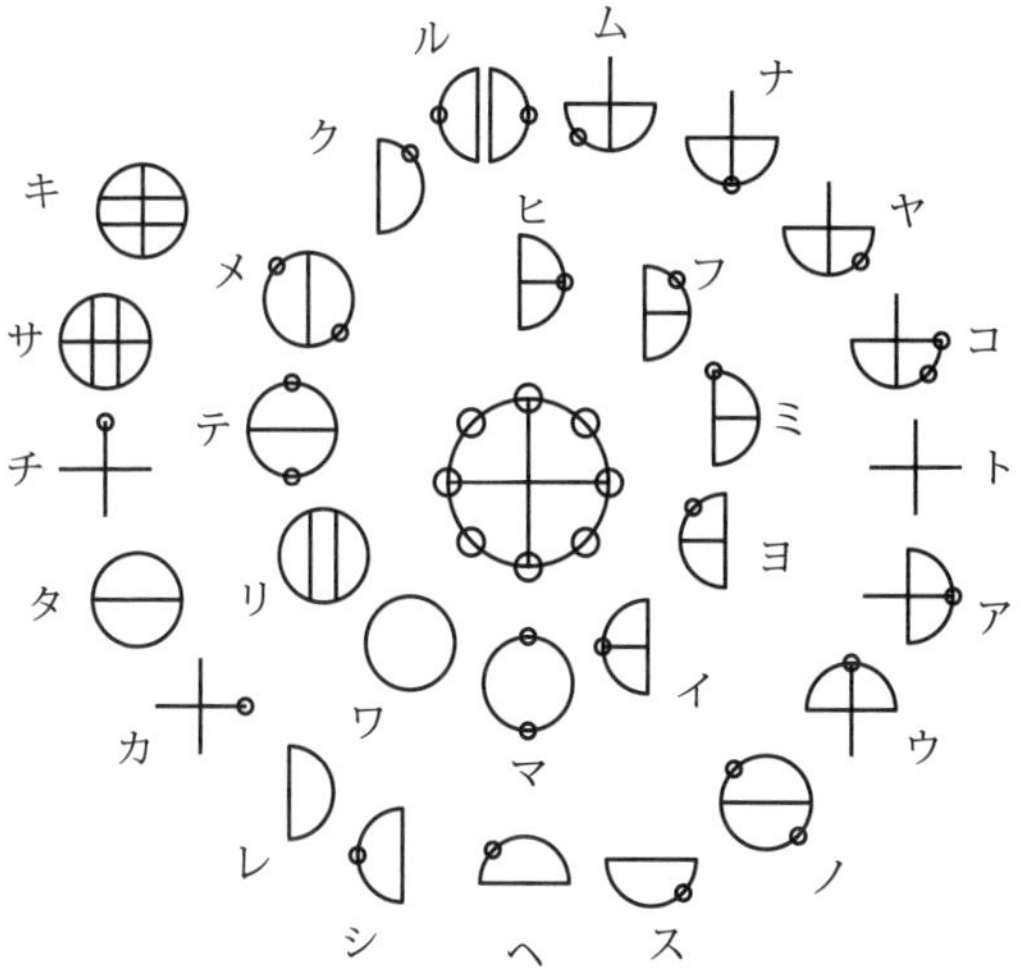

第5首

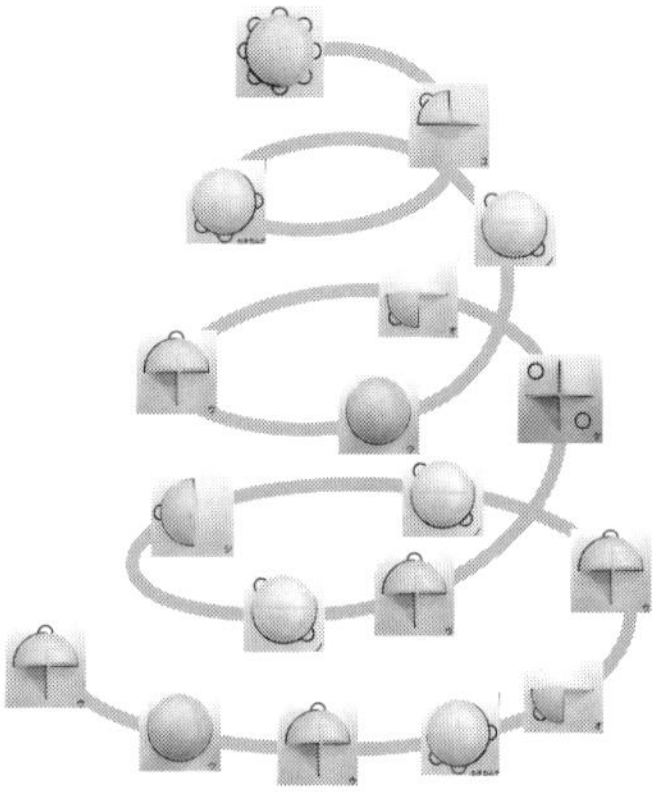

ラセンを使って上へ昇る（次元上昇する）ことも、下に降りていく（次元下降する）こともできます

ウタヒを詠む時、なぞる時のポイント

ウタヒは中心から外側に向かって螺旋階段を一段一段昇るような気持ちで詠む、またはなぞっていきます。すると、人の意識の周波数が次第に上がって、意識はより一層微細になります。微細な意識でないと、高次元を行き来することができません。ウタヒのラセンは、私たちの意識を粗い状態から微細な状態にまで高めてくれるのです。このような意識の状態でウタヒを詠うと、超極小の高次元空間が大きく花開き、電子に影響を与えるほどの大きさになります。そしてそれは、電子のスピンを正常な状態にしてくれます。

ウタヒはマワリテメクル

ウタヒ第5首の中にあるマワリテメクルという言葉が示すように、ウタヒは真ん中から見ると右回りにラセンを描きながら回転しています。その様子はまるで、一つの銀河が回っているようです。ウタヒを構成する一つ一つのカタカムナ文字も回転しています。

それはマクロコスモスの視点からは、まるで太陽の周りを周回しながら自転している地球のようです。また、ミクロコスモスの視点からは原子核の周りを周回しながら自転（スピン）している電子のようです。マワリテメクルはＰ41で説明するように立体的な回転をも意味します。

ウタヒ 第5首

ヒフミヨイ
マワリテメクル
ムナヤコト
アウノスヘシレ
カタチサキ

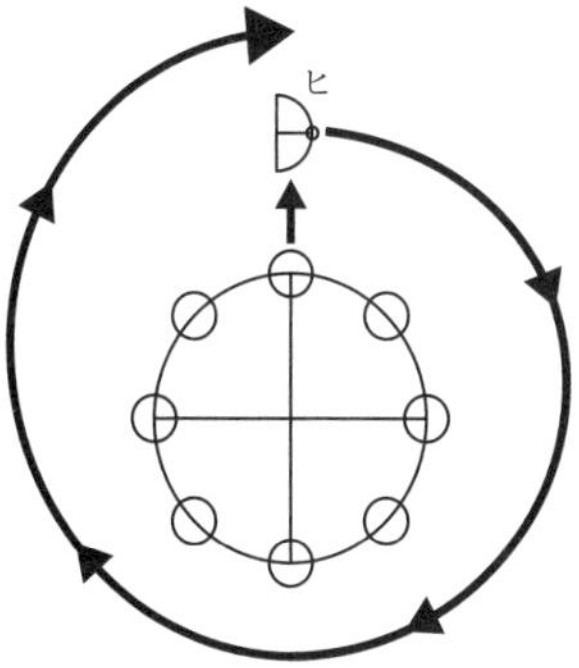

ウタヒは基本的に図のように
真ん中から外側に向かって詠んでいきます

高次元にアクセスするには

高次元領域からエネルギーを引き出す要素には、ゼロポイントフィールドやラセン状の回転（渦巻回転）、角度、さらにはねじれが大切です。カタカムナ文字やウタヒには、ゼロポイントフィールドやラセン状の回転、角度、ねじれの要素があるため、高次元領域から簡単にエネルギーを引き出すことができます。

磁石

磁石の中間にゼロができます。

角度

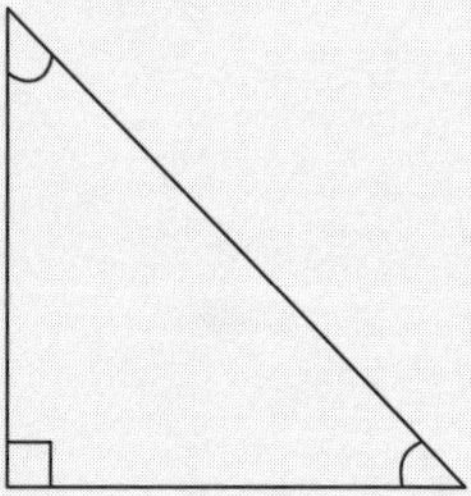

ピラミッドの建造には特別な角度が用いられています。それは、高次元の領域からのエネルギーを引き出しやすくするためです。

黄金ラセン

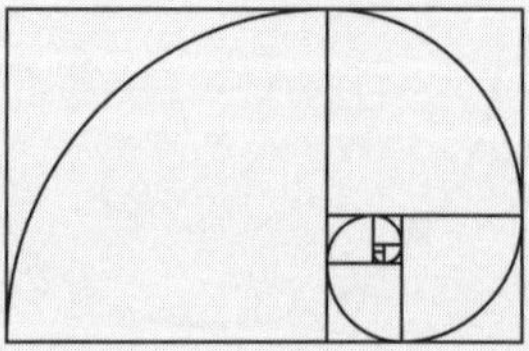

ラセンは黄金ラセンを使うと最も効率よくエネルギーを引き出すことができます。

ウタヒの御神名

ウタヒには、非常に多くの神様の名前（御神名）が書かれています。ウタヒを一度でも詠んだことがある人ならどうしてこんなにも多くの御神名が書かれているのだろうかと思われるかもしれません。

例えばウタヒの第7首にはアマノミナカヌシやタカミムスヒ、カムミムスヒなど三柱の神様の御神名が出てきます。最先端物理学では、空間には原子よりもはるかに小さい高次元空間が圧縮され折りたたまれて存在すると考えられています。もちろん人の身体の中も例外ではありません。人の身体の中には原子よりもはるかに小さい高次元空間が圧縮され折りたたまれて存在します。普段、高次元空間がその本来の大きさや姿、働きを取り戻し、三次元世界に影響を及ぼすことはありません。

しかし、ウタヒに出てくる御神名を唱えると、それまで圧縮され小さく折りたたまれていた高次元空間が花開くように拡張・拡大・展開し本来の大きさや姿形、働きを取り戻します。

高次元空間は、原子核を回る電子のスピンに影響を与え、電子のスピンを最高の状態にします。言い方を変えれば自分の中に隠れていた高次元空間（古代の人はそれを神と呼んだ）を三次元世界に開放するためのパスワードが神様の御神名ということです。人が御神名を唱えると、敬虔《けいけん》な気持ちになるのは、御神名と共振して働く高次元空間がもともと人の中に備わっていてそれと共鳴するからです。

アマテラスの出現

カタカムナウタヒにもアマテラスという御神名が登場します。私がガンの患者さんの回復を願って、一生懸命アマテラスオホミカミの御神名を唱えていた時のことです。突如10ｍほど前方に、空気と水が一つになったような御姿でアマテラスオホミカミが出現しました。そして一直線に私の方に向かって来られたのです。

アマテラオホミカミは私を包み込むようにされた後、消えてしまわれました。アマテラスに触れた時、神社に行った時に感じる御神氣の何十倍もの精妙なエネルギーに包まれ、感激したのを今でもはっきりと覚えています。

カタカムナは形を司る神の名

カタカムナの「カタ」とは、目に見える世界（現象界）のことで、「カム」は見えない世界（潜象界）のことです。「ナ」がこの「カタ」と「カム」を繋ぐ接点となります。ナを接点として、現象界と潜象界がメビウスの帯のように循環しあっています。「ナ」には、成るという意味も含まれています。繰り返し起こることで、はじめて現象化してくるという意味も含まれています。また、カタカムナは象神名（かたかむな）と書くことができます。形を司る神の名という意味もあります。

第三章

ウタヒを詠う

効果を実感できる詠み方

ウタヒを詠む時は、姿勢も重要です。首が身体にきちんと乗った状態で顔をやや上に向けて行います。そして両手の人差し指を天に向かって立てます。はじめは軽く目をつむった状態で行うとよいでしょう。

次に立てた人差し指の先端に意識を集中します。この時、両手の人差し指の先端に同時に意識を向けて集中しましょう。意識が一方の人差し指だけに偏らないようにするのがコツです。そのあと、ウタヒを詠みます。この時、ウタヒが書かれたものを傍に置いておくとよいでしょう。

本書に掲載しているウタヒはコピーして壁に貼ったり、机上に置いたりしてもかまいません。また自分の胸や背中に図柄が外に向くように貼った状態で詠んでも効果があります。

初めての人でも、以上のような方法でウタヒを詠めば、必ずその場に高次元空間が現れます。ただ、はじめは高次元空間が現れても気づかないことも……。しかし感じることができないからといって高次元空間が現れていないわけではありません。感じることができなくてもウタヒを詠い続ければ、現れる高次元空間はより高い波動を持つようになります。それとともに、高次元空間の持つ波動を知覚する能力が上がります。すると、ウタヒを詠うたびに新しい高次元空間が現れることが分かるようになります。

私は基本的に
両手の人差し指を
天に向かって立てて
カタカムナの
第5首と
第6首、第7首を
続けて詠みます
人差し指を立てるのは
人差し指が
アンテナのような
役目をするからです
ヒフミヨイ　マワリテメクル
ムナヤコト
アウノスヘシレ　カタチサキ
ソラニモロケセ　ユヱヌオヲ
ハエツヰネホン　カタカムナ
マカタマノ　アマノミナカヌシ
タカミムスヒ　カムミムスヒ
ミスマルノタマ
カタカムナを詠うと
手に微細な振動が
伝わってきます
この時
ミスマルノタマという
高次元空間が
立てた人差し指を中心に
出現します
身体が揺れる
こともあるし
勝手に身体が
動き始める
こともあるよ

おもしろいね
ぼくにもできる？
わくわく
イエスです！
高次元空間は
玉ねぎのように
沢山の層から
なっているみたいだ
この中にいると
気持いいっていう人は多いよ
なぜか涙を流すほど
感動する人がいるよ
先生うまく
いきません
―という人は
自分だけで
やろうとしている
カタカムナを
するときは
必ず「潜在意識」と
一緒にね

ほとんどの人は自分の中に潜在意識というもう一人の自分がいることを知らない
おーい ここだよー
スピリチュアル本や真理についての本を読んで潜在意識についての知識はあっても
ほんとにいるのかなぁ
潜在意識は喋らないため半信半疑の人が多い
潜在意識の存在を信じられない人でも
このマンガを読んでいくと本当にぼくがいることに気付けるようになるよ！
うわ！いた！
だいたいぼくはこの辺（お腹の下あたり）にいるよ！
ぼくの存在に気づけたら
きみは間違いなく驚くほど素晴らしく豊かな人生を創造していくことができるようになるよ！

コツは
潜在意識と
一緒にやっている
つもりになること
そうすると
本当に潜在意識は
真似をするようになる
二人で
カタカムナ医学の
星を目指そう…！
イエッサー！
ぴゃーん

ウタヒを詠う前に

ウタヒを詠う前に、最初に母なる地球（宇宙）と、その次に父なる天空（宇宙）と繋がると、ウタヒを詠った時の効果が上がります。具体的には、地球へ感謝の気持ちを送ったあと、天空（宇宙）へも感謝の気持ちを送ります。

感謝の気持ちや「ありがとう」という言葉は光に近いので、すぐに地球や天空（宇宙）に届きます。すると、潜在意識とハイヤーセルフが、あなたと協力してウタヒを詠うようになります。なぜなら、地球と潜在意識は意識の上で繋がっており、宇宙とハイヤーセルフも繋がっているからです。

ウタヒの詠い方で差が出る

2022年4月になってやっとウタヒを詠うことが、医学的にみてどれだけすごいことか分かってきました。ウタヒは内容を吟味することも大切ですが、治療に関していうならウタヒを詠むことが圧倒的にすごいのです。これまでウタヒを詠っていた人の中にはそのすごさに気づいた人も多いのではないでしょうか。一方で、ウタヒを詠んでも効果がないじゃないかという人もいます。このような差が出るのはどうしてなのでしょうか。それは、ウタヒの詠い方に原因があります。

詠い方さえ正しければ、誰が詠っても100％効果が出ます。

ウタヒの治療効果

ウタヒを声に出して詠うことは素晴らしい治療になります。私がウタヒを詠っているところをビデオで撮ったものを聴いた人でも効果があるほど、ウタヒには人を癒す強い作用があります。場合によってはガンが癒されることがあります。**私のところでウタヒを詠うことで胃ガンが治った人がいます。またつい最近、ウタヒを詠って子宮体癌が完治したという報告がありました。**しかし、ガンは治すのがなかなか難しい病気です。ウタヒを使ってガンが治るなんていうことは保証できません。しかし、ウタヒを詠うことでガンが治る可能性は、現代医学の治療を受けるだけよりずっと高くなり、延命することができます。痛みや不安、だるさを高い確率で取ることができます。

現代医学と併用

ウタヒを詠うと、患者さんが元気になります。これは現代医学ではなかなかできないことです。ウタヒと現代医学を併用すると現代医学の効果が確実に上がり、副作用も少なくなります。抗ガン剤で起きた難治性の副作用さえ改善することがあります。ウタヒを詠うことは、経済的負担がまったくなく、現代医学と併用しても、その治療効果を妨げることがありません。何よりガンの人でもウタヒを詠うと気持ちがよくなります。ウタヒはガン以外の病気にも優れた効果を発揮します。

ウタヒを詠うことで、癒される症状いろいろ

関節リウマチ／多発性筋痛症／うつ病／気管支喘息／高血圧／糖尿病／花粉症／片頭痛めまい／麻痺／しびれ／アトピー性皮膚炎……など。

さらに原因不明の病気に対しても確かな効果を発揮します。極端なことを言えばあらゆる症状や病気を癒すことができます。

ウタヒは真ん中から詠む

ウタヒは真ん中から詠んでいきます。ただしヤタノカカミ、ミクマリ、フトマニと呼ばれる中心の図形は発音しません。

第63首を例にとると、中心図形（ヤタノカカミ）のすぐ上にあるヘ（ ）から右回りにラセンを描くように詠んでいきます。

ウタヒ 第63首

上図ではそれぞれのシンボルの横に、小さく読み仮名を書き入れています。できれば何度か、小さく声に出して音読してみていただければと思います。

その時大切なことは、一音一音を長く引っ張って声に出すことです。さぁ、やってみましょう。「た」を発音する時は、「たぁぁぁぁ」と発音するように、あ（母音）を意識的に伸ばして発音しましょう。

とうとう カタカムナの 秘密が分かった
その言葉 何回聞いたか 分からない 期待外れじゃないと いいけど
今度は 間違いなく すごい秘密 なんだろうね
今度は 間違いない 実はウタヒには 読み方が あったんだ
普通に 読んじゃ ダメなの?
?
ダメじゃないけど 効果が出にくいんだ
小学校の時に歌った 「君が代」って知ってる?
知ってるけど それが何か?
ウタヒは 「君が代」みたいに 歌うといい

「君が代」ってさ
言葉を長く発声するだろ
そうすると
母音が強調されるんだ
き〜み〜が〜あ
よ〜お〜は〜
ち〜よ〜に〜い〜
や〜ち〜よ〜に〜
「き〜」って伸ばすと
「き」の後に
「い」の母音が
聞こえる気がする
ウタヒは
母音を強調して詠うと
すごい効果が出るんだ
←母音
き(い)〜み〜が〜あ
よ〜お〜は〜
そうやって
詠うと全身が
熱くなってきて
汗まで出る
それに
詠っていて
すごく楽しいし

ほかには？
痛みや痒み めまいなどの 症状も 消えるか減る
アイタタ
かゆい！
こうして 詠うだけでも 自分に様々な いい変化が起こる
運気や運命 人間関係まで 良くなるよ
子供に 詠ってあげると 子供が病気を しなくなる
子供の才能や 能力も花開く
ぼくも母音を 伸ばすようにして 詠ったけど
あれから体調が ものすごくいい
これでガンの痛みが 消える人が多いのには びっくりしてるよ

身体が勝手に動いて その後症状が 消える人もいる
?
どうして そんなことが 起こるんだろう
そうやって 詠うと ミスマルノタマのような 高次元の※スカラー場が現れ 人を包み込むからだよ
※スカラー場は重力場とも呼ばれる
スカラー場は 縮んだり 広がったり しているから
ユラ
ユラ
その中にいる人も 揺れたり身体が 勝手に動くって いうことだよね
そのとおり
スカラー場のことを 詳しく調べてみると ウタヒを詠った 時の変化と 合致するんだ
まちがいない
ウタヒを詠うと ミスマルノタマという スカラー場が発生する！

スカラー場が変化するから上に引っ張られるっていう人もいる
だれが詠ってもいいの？
だれが詠ったってうまくいくよ
簡単に人が健康になれる方法は多くの人に伝えたい
そうしたら日本から不幸や病気が消えるかもね
ぼくみたいな音痴な人間でも詠うと変わるので
みなさんがやったらもっとよくなると思います
一気に80首詠まなくても1首ずつでもいいのかい？

1日に何首詠むか ウタヒの何首から 詠むかは自由だよ
ウタヒの絵を見て 今日これを 詠みたいと 思ったものを 詠んでもいい
これに しよう！
病気で自分で 詠めない人は？
だるくて 詠む気力がない
そういう場合は 家族や友人が 詠ってあげてもいい
ヒ〜フ〜ミ〜 ヨ〜イ〜
あとは それでも詠うことや 詠ってもらうことが ままならない時は ウタヒを身体に 貼るだけでもいい
ウタヒの図形も スカラー場を 作ることが できるからね

軽く目を閉じて両手の人差し指を立てウタヒを詠うと球体が現れる
これがカタカムナのミスマルノタマかもしれない
この空間の中にいると気持ちが落ち着く
身体が熱くなってきた汗が出てくる
あれ今度は身体が押される感じがしてきた
気持ちいい…

第四章

ウタヒで効果を引き出す秘密

治療の決め手は、ウタヒの詠い方

ウタヒを詠って症状を消し病気を癒すほどの力を得るには、ウタヒの詠い方が重要です。詠い方が治療の決め手になるといってもいいくらいです。ウタヒを普通に詠ってもある程度の効果は出ます。しかし、**ウタヒの一音一音をゆっくりと長く引っ張って声に出すと、効果が倍増します。**

左半身に痛みのある女性は、私が第2首のウタヒ（ヤタノカカカミ　カタカムナ　カミ）の一音一音を長く伸ばして詠むと、数分で痛みが消えました。

頭痛持ちの二十歳の女性は私が第7首のウタヒ（マカタマノ　アマノミナカヌシ　タカミムスヒ　カムミムスヒ　ミスマルノタマ）を詠むとその場で頭痛が消えました。

患者さんの前で、幾度も幾度もウタヒを詠んでいるうちに、ある時、私の目の前に神様が一語一語の言葉に合わせて、能を舞うように踊っている姿が視えました。突然のことでビックリしましたが、その日は何度詠んでも神様が現れました。これは、この詠み方が間違っていないということを知らせてくれている気がしました。

これから実際に、数首のウタヒを詠んでいきましょう。ウタヒの読み方には、厳密な規則はありません。したがって、どんなふうに詠んでもいいのですが、今回はウタヒの一語一語をゆっくりと長く引っ張って声に出してみましょう。

それではウタヒの5・6・7首を詠んでみましょう。

第5首

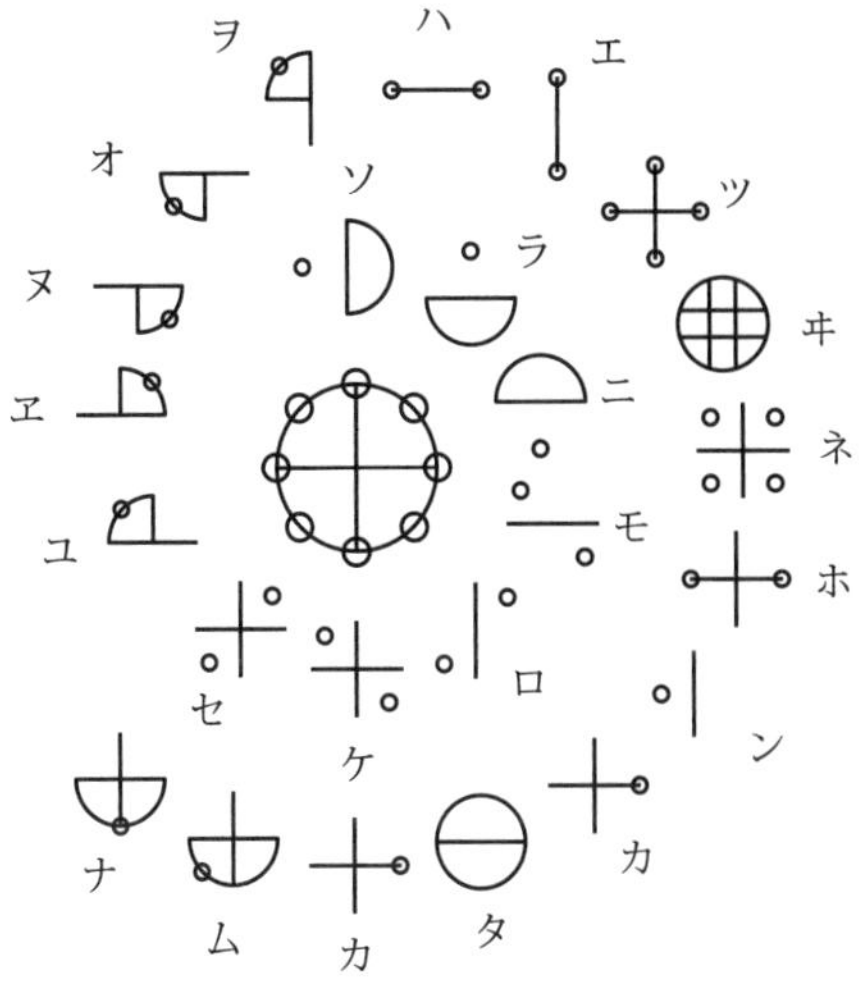

第6首

第7首

いかがでしたか？

意味を知らずとも、詠んでいるだけで何か感じるものがあったのではないでしょうか。ウタヒをこのようにして詠った多くの人は、身体が温かくなった、汗が吹き出すほど熱くなった、身体が震えたと言います。中には、それまであった頭痛や肩こり、関節の痛みが消えた人までいます。ウタヒは、その美しいラセンに描かれた文字を見ながら詠んでいくだけで、すごい効果があります。ウタヒは、神主さんが祝詞を詠むような節で詠ってもいいし、「君が代」を詠うような節で詠ってもいいです。

もちろん言葉を伸ばして発声するという原則さえ守れば、どのように詠っても効果があります。

どうして長く伸ばして発音するのか

ウタヒは普通に詠んでもかなりの効果を示します。しかし、一語一語を長く発音すると、さらにすごい効果を表します。どうしてこのように発音すると効果が出るのでしょうか。その答えはウタヒの第４首に書かれています。

語尾を伸ばして詠うと効果が倍増する秘密

ウタヒ第4首
イハトハニ　カミナリテ　カタカムナ　ヨソヤコト　ホクシウタ

カタカムナ文字や、一つ一つの文字の声（音）はカタカムナ人が直感的に、空やそのはるか遠くにある宇宙に鳴り響くヒビキ（音や波動）を感じ取り、それを48の声音にしたものです。そのため、カタカムナ文字の48の一音一音には、おのずから天地宇宙が持つ力が備わっています。カタカムナ文字の一つ一つの母音を意識しながら、長く引っ張って発声することでその力が完全に発揮されます。

第四首では、イ（い）が何を示すかが一番の問題になります。なぜなら、「イハトハニカミナリテ」と書いてあるように、イは永遠に神だからです。

ウタヒ第5首では、ヒ（1）フ（2）ミ（3）ヨ（4）イ（5）というように、イ（[illegible]）は五を表す数字でした。すると、「イハトハニ　カミナリテ」は、5は永遠に神であるという意味になります。5が神とは一体どういうことでしょうか。

5とは何か

5（）が意味するのは、「あいうえお」の5つの母音です。5（5つの母音）は永遠に神（巨大な力と創造する力を持つもの）なのです。もちろん、日本語の48音はいずれも、その中に必ず母音が含まれているので、神のような力が宿っています。

「カタカムナ　ヨソヤコト　ホクシウタ」のヨソヤコトは、48音のことです。したがって、ウタヒ第4首の後半の意味は、「封印されていた48音が本来持つ神のごとき力を解き放つ」という意味になります。80首のウタヒを詠むと、48音の封印が解け、普通に言葉を発しても神のような力が発揮されるようになるのです。

これは、ウタヒを詠んでいると、人は自然と5つの母音を意識して発声するようになり、48音を発声するだけで症状を消し、病気を癒すことができるようになるということです。

母音の力

日本の言葉は「あ、い、う、え、お」という五つの母音と「か、さ、た、な、は、ま、や、ら、わ」という子音で作られています。このことを理解しやすいようにひらがなをローマ字表記にして考えてみましょう。「か」は、KAと書きます。Kが子音でAが「あ」という母音です。「き」は、KIと書きます。Kが子音でIが「い」という母音です。日本語は、全ての音に母音がついているため、一つ一つの言葉を引っ張って長く声に出す時母音が強調されます。例えば、「き」を「きーーー」と伸ばす時「ーーー」の「い」の音が強調されます。するとKは最初だけ発声され、そのあとはIの母音が強調されます。「きーーーーーーー」と声に出すことは、母音に重点を置いて発声することになります。

「君が代」とカタカムナウタヒ

国歌「君が代」の中に、「イハオトナリテ」という言葉があります。

これまで私は、岩に波がぶつかって音がする様子が歌になっていると思っていたのです。ところが、この本を書いている時に、「イは音となりて」という言葉が浮かんできました。「君が代」の中に、「イ」が何を意味するかが書いてあったなんて感激です。

48音図と母音

ワ	ラ	ヤ	マ	ハ	ナ	タ	サ	カ	ア	
ヰ	リ		ミ	ヒ	ニ	チ	シ	キ	イ	
ウ	ル	ユ	ム	フ	ヌ	ツ	ス	ク	ウ	母音
ヱ	レ		メ	ヘ	ネ	テ	セ	ケ	エ	
ヲ	ロ	ヨ	モ	ホ	ノ	ト	ソ	コ	オ	

この図を見ながら、一音一音の母音を意識しながら長く引っ張って詠んでみましょう。

母音の響き

「あ、い、う、え、お」を長く引っ張るように声に出す時、頭の随所で振動が起こります。頭のどの部分が振動するかは、発する母音によるようです。皆さんもそんな観点から一つ一つの母音を長く引き伸ばして声に出した時、それが頭や顔のどこに響くか、注意深く観察してみてください。顔や頭に両手のひらを軽くあてながら声を出すと、母音によってどこが振動しやすいのか分かるかもしれません。

第1首のヒビキは音の響き

第1首は、「カタカムナ　ヒビキ　マノスベシ　アシアトウアン　ウツシマツル　ウタヒ」です。「カタカムナ　ヒビキ」のヒビキとは、カタカムナ文字やウタヒが持つ音や響き（波動、周波数）のことです。私たちが普段話す時の言葉も響きですが、「カタカムナ　ヒビキ」というほどの力を持っていません。人がウタヒを母音を意識して一つ一つの言葉を伸ばして発声する時、初めてカタカムナヒビキとなり、人の身体の中の空間にある高次元空間や、その周囲の空間に内在している高次元空間が開放され、電子のスピンが修正され、その場に変化が現れます。

母音の力の秘密

一語一語をゆっくりと引っ張って詠うと、それまで子音の陰で鳴りを潜めていた母音がクローズアップされてきます。日本語の48音の音は、伸ばして発音すればどの音にも必ず母音がついています。

では、なぜ母音を強調して詠うとすごい効果が得られるのでしょうか。それは、母音を発声するたびにその場に幾何学が現れるからです。一つ一つの母音の音は五つのプラトン立体に対応しています。プラトン立体とは、正十二面体、正八面体、正四面体、正二十面体、正六面体の五つの立体のことを言います。宇宙は、目に見えない五つのプラトン立体が基礎となって成り立っているという説があります。東洋医学では木・火・土・金・水という五つの物質で世界は作られていると考えられています。五つのプラトン立体と、五つの木・火・土・金・水は、ともに数字の5が共通しています。これは偶然ではなく同じものを異なる表現で表しているだけなのです。正四面体を例にとると、正四面体は火を表します。その他のプラトン立体も木・火・土・金・水のいずれかに対応しています。世界はいずれにしろ五つのエレメント、プラトン立体から成り立っています。目には見えませんが、「あ」と言うと、その瞬間、正十二面体と同じ構造の幾何学がその場に現れます。「い」と言うと正八面体が、「う」と言うと正四面体が、「え」と言うと正二十面体が、「お」と言うと正六面体が現れます。ただそれが現れる様子が目で見えないだけです。

「あ」と言うと正十二面体と同じ構造の幾何学がその場に現れ、正十二面体構造を介してそれに対応する高次元空間がその場に現れます。「い」と言うと目に見えない正八面体と同じ構造の幾何学がその場に現れます。すると目に見えない正八面体構造を介してそれに対応する高次元空間が姿を現します。言葉を一語一語発音するたびに五つのプラトン立体と同じ構造を持つ不可視の幾何学構造が現れ、それに対応した高次元空間が次々と現れます。そしてそれらは融合して一つの高次元空間になります。「ありがとう」と言うと五つの幾何学構造がその場に現れ、新たな高次元空間が生まれます。「ありがとう」に対応する高次元空間が人を包み込み、人はその場でその影響を受け症状が消え病気が消え、心が癒されます。

五つのプラトン立体

一つ一つのカタカムナ文字の音を声に出すたびに、それに呼応して五つの多面体のうち、いずれか一つがその場に現れます。もちろん目には見えません。でも、どうして目に見えない正多面体がその場に現れるのが分かるのかと思われるかもしれません。実は、私も最初はどの正多面体が現れるのか分かりませんでした。ところが、水晶で作った五つの正多面体を持って「あいうえお」を一つ一つ発音していくと、どの正多面体が「あいうえお」のどれと対応しているのかが分かってきます。水晶でできた正八面体を持って「いー」と声に出した時、手や身体に共鳴が起こるのです。それで、どの正多面体が五母音のどれに対応するかが分かってきます。

この立体を介して、三次元空間の中に姿かたちを隠していた高次元空間が姿を現します。その高次元空間は、人を治す力を持つ電気と磁気を帯びた空間（スカラー場）です。人の生命エネルギーも電気と磁気で出来ているため、その中で人は癒され、症状は消え、病気は癒されます。

異常な音

電子の異常なスピンは、電子が出す音の狂いとしてとらえることができます。一個の電子が出す音を聴くことは、もちろん普通の人はできません。しかし、無数のスピンの異常をきたした電子が出す音は、人の耳に届くことがあります。

例えば、カタカムナ人たちは、私たちが聞き取れないほどの電子の異常なスピンによるわずかな音の狂いを感じ取っていたのかもしれません。電子の異常なスピンによって発生する狂った音を修正するには、正しい音を自分の内側に響かせることが必要です。彼らは、その音の狂いをウタヒを母音を強調して詠うことによって修正していたのだと思われます。正しい音は、カタカムナヒヒキとなって、身体中の電子のスピンを調律（チューニング）したのです。

カタカムナの5つの基本形（エレメント）

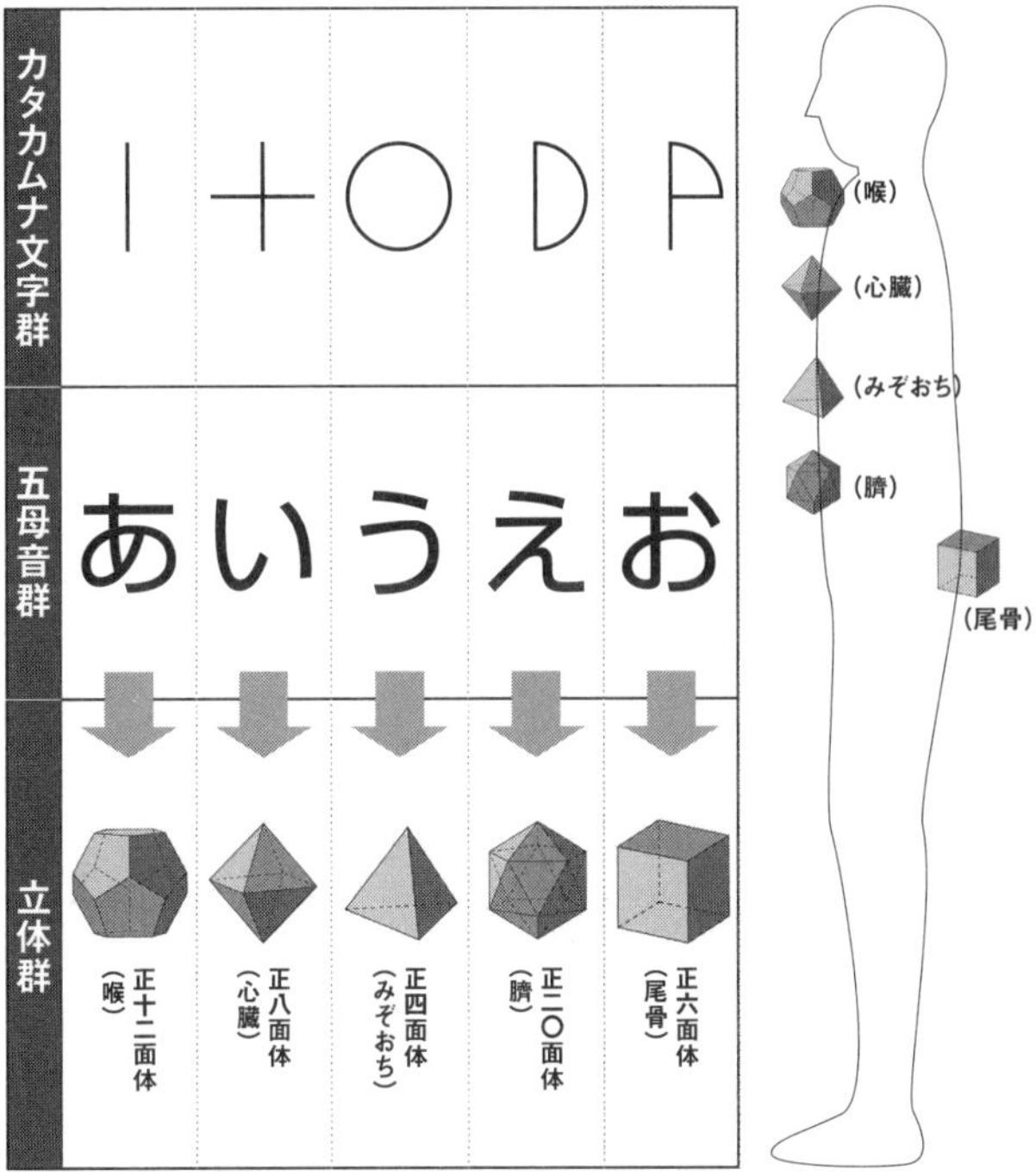

注：五母音と立体は対応していますが｜＋○ＤＰと五母音と立体が、
どのように対応しているかは研究中です。

第五章

カタカムナの「マ」と高次元空間

次元とは

これまで高次元という言葉が何度も出てきましたが、そもそも次元とはいったいどういうものなのでしょうか。次元とは簡単にいえば自由さです。〇次元は点ですから、そこから身動きができません。自由さが〇（ゼロ）です。一次元は線ですから、前後にしか行けません。二次元は面なので、左右に行くことができますが上下には行けません。私たちが住んでいる三次元は立体なので、前後左右上下に行くことができます。私たちの世界では、三次元に時間が加わるため、四次元ということになります。そして、高次元という言葉は五次元以上の次元を意味します。高次元は自由度が高いので、物体の中を通り抜けたり、さかさまに歩けたり、鏡の中や外を行ったり来たりしたり、垂直な壁を普通に歩くことができます。さらに、三次元世界では治らない症状や病気を治すことができます。さらに三次元世界では考えられないようなアイデアが浮かんだり、運動能力が飛躍的に上がる他、高次元空間の中では、人が持つあらゆる能力が向上し、新しい才能も開花します。高次元空間の中にいると、とんでもなく人生が豊かになり、進化するのです。

次元とは

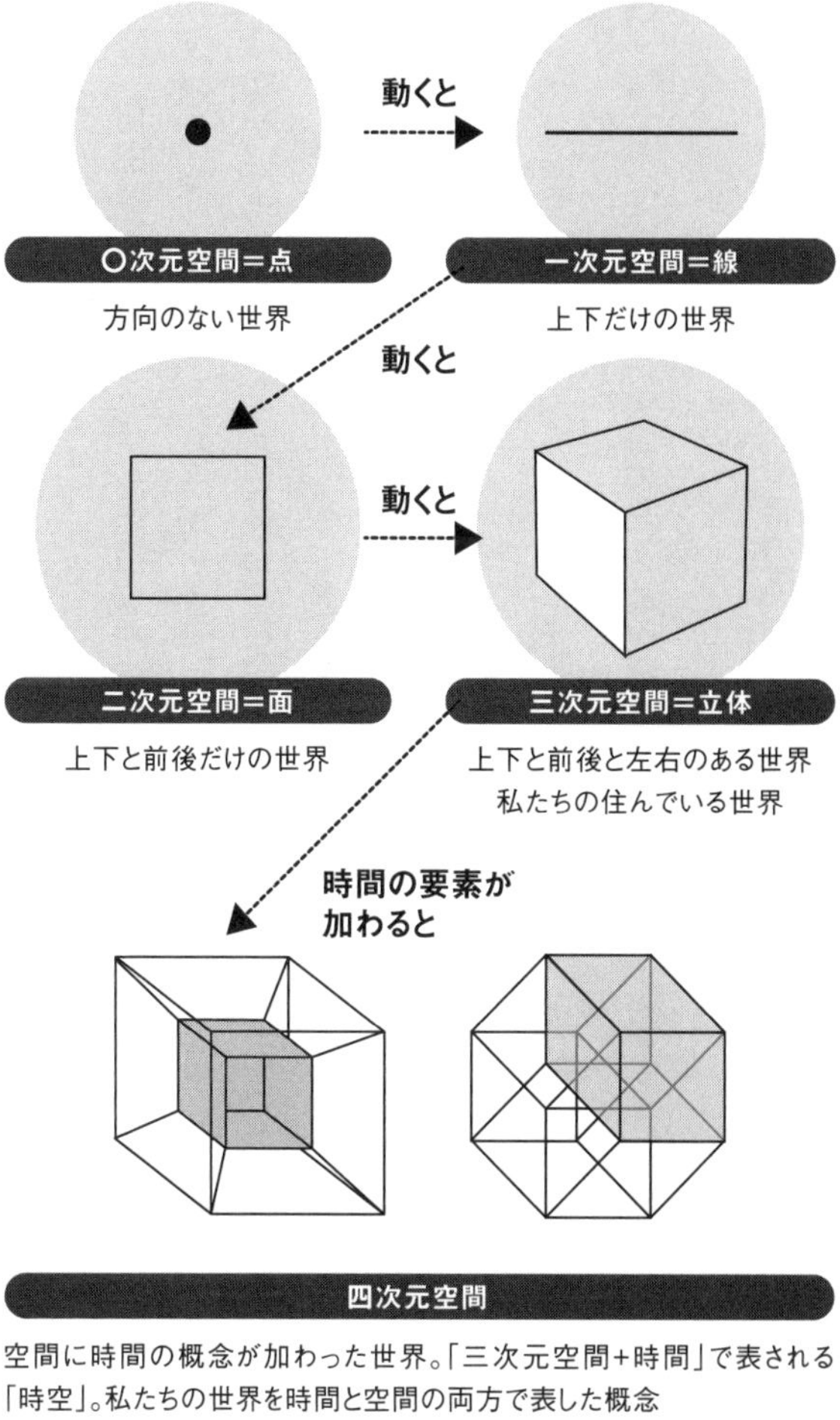
動くと
〇次元空間＝点
方向のない世界
一次元空間＝線
上下だけの世界
動くと
動くと
二次元空間＝面
上下と前後だけの世界
三次元空間＝立体
上下と前後と左右のある世界
私たちの住んでいる世界
時間の要素が
加わると
四次元空間
空間に時間の概念が加わった世界。「三次元空間+時間」で表される
「時空」。私たちの世界を時間と空間の両方で表した概念

●ここまでのポイント

私たちは一般的に、点をゼロ次元、直線を一次元、平面を二次元、立体を三次元と考えています。

次元とは、自由度です。こういった観点から見ると、時間も次元と考えることができます。もし時間がなければ、その時点から身動きできなくなるからです。時間を入れると、この世界は四次元までということになります。四次元までは、今ここで、すぐにでも確認できますが、それ以上の次元は確認できません。そのため高次元は、この三次元とはかけ離れた領域にあると思われがちです。

でも、高次元を含め全ての次元は、今ここにあります。ただ私たちの五感で認知できないだけです。

カタカムナは「マ」を統べる方法

80首のウタヒを調べていくと、二番目に多く出てくるのが「マ」という音です。

カタカムナでは、高次元のことを「マ」と言います。したがって、カタカムナの中でも「マ」は特に重要です。ウタヒの第一首に、マノスヘシ（マを統べる、マをコントロールするという意味）と書かれていることからも、どれほど「マ」が重要かが分かります。

「マ」には、剣道の間合いの間と同じ意味があります。目に見えないスペースのことを「間」といいます。剣道だけでなく、私たちは「間」を生活の至るところで知らず知らず使っています。

例えば、自転車に乗っていて、反対方向からやってくる自転車にぶつからないのは「間」のおかげです。このような場合の「マ」の意味を一言で表すと、自分の空間的なテリトリー（領土）、目に見えない自分の身体の一部のようなものです。近年、多くの人に認知されてきた「オーラ」も間の一つです。間が悪いとか、間に合ったという言葉も「間」を現します。こういった時の「間」は、タイミングのような時間を示す言葉として使われています。

間は、空間や時間、つまり時空間を意味します。「間」は、私たちが体験する現実をそこに創造するスペース（入れもの）であり、瞬間という時空です。間があるおかげで、私たちは様々な現実を体験できるのです。もし、「間」という時間や空間がなかったら、現実は現れることはなく、私たちは何も体験できません。これは、人生というものが存在しないということになります。

「マ」とは、現実を創造する器（入れもの）なのです。

人はそれぞれ独自の「間」を持っています。人とは一人一人が独自の時空間である「マ」持った存在です。そのため、人が体験する現実も、人が生きる世界も本当は人それぞれ違っているのです。

高次元空間も間

「マ」には高次元空間も含まれます。それは、原子核の一億分の一と、極小のため今の科学では検出することはできません。その極小のサイズのために、私たちに影響を与えることもありません。ところが、ウタヒを詠うと、そのサイズは三次元に影響を与えるほどの大きさになります。そして、高次元空間によって、電子の軌道は修正され、電子のスピンも正常になります。その結果、人は健康で元気になります。

生命を創造する空間

「マ」という空間には、生命を創造する力があります。「マ」という空間には、酸素があるだけでなく、氣やプラーナといった生命エネルギーの元となるエネルギーがあります。

「マ」という空間が正常だと、人はそこから気を受け取り、元気でいることができます。逆に「マ」が異常だと、気が奪われ、元気がなくなり、やがて病気になります。なぜなら、正常な「マ」では、電子のスピンは正常になり、異常な「マ」では、電子のスピンも異常になるからです。

波動からみたマ「」

『波動性科学』（たま出版）の著者・大橋正雄氏は、「原子の中から原子波・物質波（スカラー波と同意）が発生している。電子軌道において、二つの電子がある時、いずれもマイナスの電気を帯びているため軌道上の１８０度離れた位置で回転している。この１８０度の位置のずれによって生まれるはずの電磁波が相殺されてスカラー波となる。これが、物質のあるところ全てに必ず存在する重力エネルギーに対応している」と説明しています。これはまさに、カタカムナ文字の「マ」は重力が働く間（スペース）であることを示しています。

ウタヒで現れる空間

ウタヒは、カタカムナ神社の御神体として祀られていたように、そのままでも人を癒す圧倒的なパワーがあります。ウタヒの一語一語を母音を意識しながら詠うと、三次元世界に極小の空間として内在していた高次元空間が膨張拡大し、その全容を現します。三次元空間に突如として現れた高次元空間はエネルギーが強いので、軽い症状なら数分で取れてしまいます。例えば、何か月も痛くて上がらなかった腕が、数分で痛みもなく、す〜っと上がるようなことが高い確率で起きています。

ウタヒで現れる空間は、症状だけでなく、その中に現れる現実そのものを変えてしまう力さえあります。何か問題が起こった時、ウタヒを詠うと、問題が消えるか、現実がよい方向へ展開し始めます。その効果は魔法と言っていいほどです。

第六章

ウタヒで現れる高次元空間の正体

高次元空間は球体

ウタヒを患者さんの前で詠うと、その場に球状の高次元空間が現れ、私たちを包み込みます。高次元空間に入ると、何かに包まれる、身体がピリピリとしてくる、温かくなる、時には一瞬で汗が噴き出るような熱さを感じるようになる、身体が軽くなると感じる人が多いようです。さらには患者さんの身体が勝手に動き出して、30分ほど止まらないこともあります。これは自動運動、または自発運動といって、脳が身体の動きを使って症状や病気を治そうとしている自然な動きです。ウタヒによって、高次元空間が現れ、身体が包まれた時、このようなことが起こります。この空間を調べてみると、半径2・5mほどの球体であることが分かります。この球体は、ウタヒを詠うたびに現れるだけでなく、ウタヒを紙や布に描いたものを身体に触れさせるだけでも現れます。何百回、何千回とウタヒを詠いながら、球体の中で治療していくうちに、球体の中で症状が取れる様子が分かるようになってきました。

これは目で見て分かるというのではなく、私の脳の周りに自分の意識が拡大したスクリーンのようなものが現れて、それで目に見えない現象を感知します。このような見え方を〝視る〟と言うことにしました。

球体の中の患者さんを視ていると、患者さんから黒い影が落ちるように視えたり、砂絵が一瞬で崩れ落ちるように身体の一部が消えていくように視えます。するとそれまであった症状が消えるのです。

このようなことは、医師である私が唱えなくても誰が唱えても起きます。少なくとも、これは症状を消したり病気の予防に使えるレベルです。

カタカムナ人は、ウタヒを詠むことで健康な身体を維持していたのです。この球体の中に入れば、現代の奇病や難病、ガンが完治する可能性が高くなります。

不思議な球体の正体はスカラー場

ウタヒを詠うと現われる球体の中では、三次元世界ではありえないほどの高い確率で、症状が消え、病気が改善されます。この球体は、人体の周囲のオーラや、気功師が手や

指から発する気とも違っています。この球体はウタヒを詠うと三次元空間の中に突如として現れるのです。この球体の正体は何なのでしょうか。いろいろ調べているうちに、この球体は、スカラー場であることが分かってきました。スカラー場は、方向性を持たない、大きさだけを持つ場です。この場は時空間であり、時空の入れ物としての性質を持っています。スカラー場研究の第一人者であるトーマス・ベアデンによれば、スカラー場は電気重力場ともいい、高次元空間において高速で振動する縦波の重力エネルギーであり、距離にかかわらず物質を透過し光の速度に制限されないとあります。どんなものでも通し、どんな所でも光より速く届くのです。

ベアデンの言う高次元は、磁気・電気や＋・－がない電気的に中性で重力と電磁波が統一されて一体になっている世界です。

縦波であるスカラー場の振動方向は、波の進行方向と同じであるために、点が密に集まったり逆に間隔が広くなったりします。縦波は空気などの媒質の中で疎《まばら》になったり密になったりするので、疎密波とも呼ばれています。

スカラー場の代表例は音です。音の媒質は空気であるため、空気密度が高くなれば空気圧は高くなります。空気密度が疎になれば空気圧はわずかに減少します。このような空気圧の変動を音圧と呼び、この音圧の変化が耳に達し鼓膜をふるわせ、音を感知します。

スカラー場は、音と同じように空間の伸び縮みの波（風船が縮んだり膨れたりするたびに、風船の周囲の空間に対する圧力が増えたり減ったりするような状態）なので、進行方向の物体を揺さぶります。そのため球体の中にいる人は、立てた指が揺さぶられジンジンしたり、身体が揺れ動かされたりします。球体の中のスカラー場は、エネルギーを伝搬する働きがあるため、人の身体や物質に影響を与えます。

人体にスカラー場が作用すると、人体を構成している原子や電子を変化させます。それゆえスカラー場の中では異常な電子のスピンが是正され病気や症状が消えます。カタカムナ人は時空や量子の概念すらなかった時代に、スカラー場を自由自在に使いこなしていたのです。

スカラー場

スカラー場はベクトルを持ちません。大きさだけの量を意味します。弁当に例えると中身ではなく、入れ物の性質を表すものです。

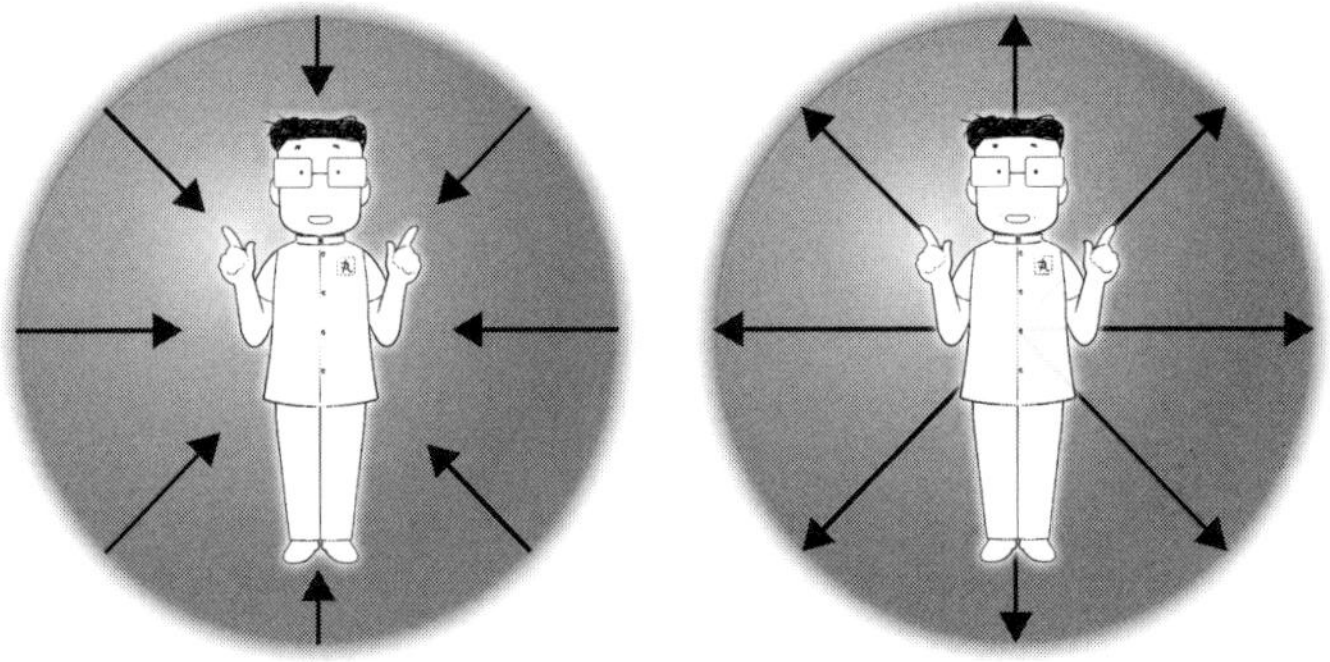

スカラー場の中で、両手の人差し指を立てると、これがアンテナの役割をし、両指先が鼓動を打つようにジンジンしてきます。これはスカラー場が、伸縮しているためかもしれません。

スカラー場をイメージしてみよう

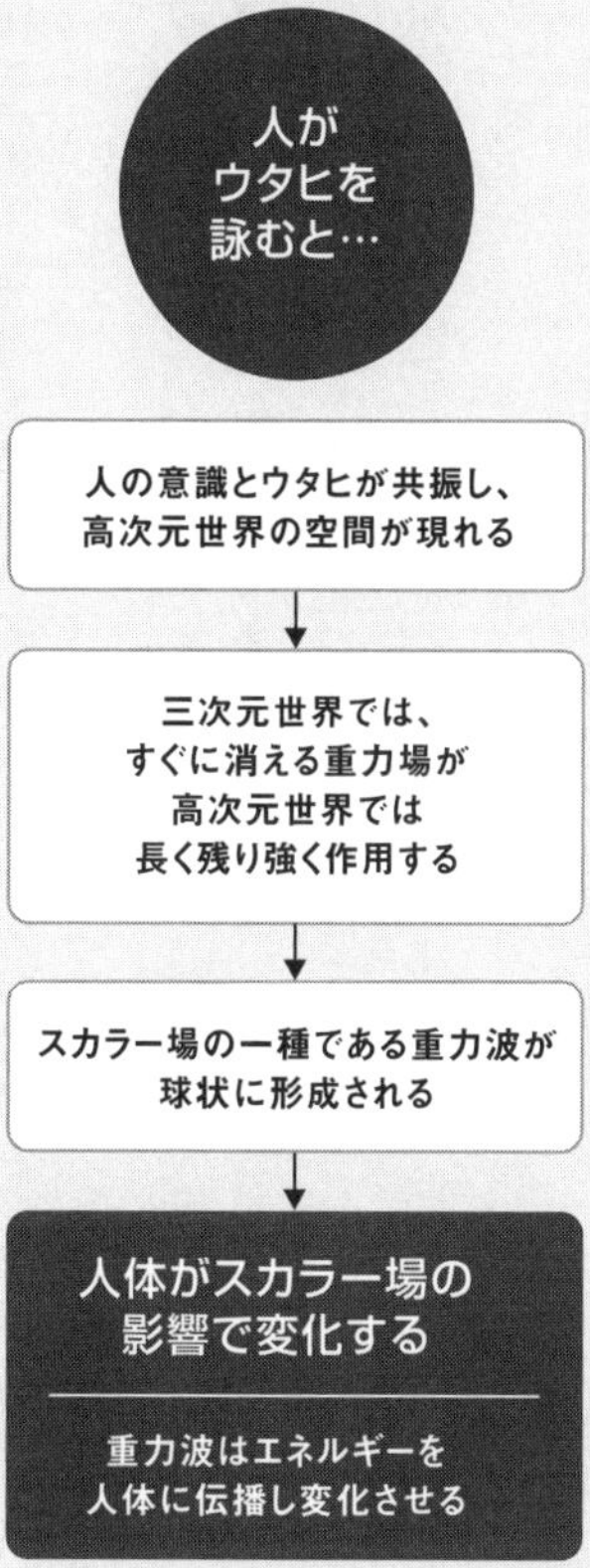
人が
ウタヒを
詠むと…
人の意識とウタヒが共振し、
高次元世界の空間が現れる
三次元世界では、
すぐに消える重力場が
高次元世界では
長く残り強く作用する
スカラー場の一種である重力波が
球状に形成される
人体がスカラー場の
影響で変化する
重力波はエネルギーを
人体に伝播し変化させる

音はスカラー場であり縦波です。光や電磁波は横波です。縦波のスカラー場は、波の方向に向かって尺取虫のように伸びたり縮んだりしながら進みます。光や電磁波は横波なので、進行方向と直角に拡がっていきます。水泳でいえば縦波はクロールで、横波は平泳ぎのような感じでしょうか。楽器でいえば、トランペットは息を吹き込む方向に音が出るという点で縦波のスカラー場に似ています。一方、アコーディオンは蛇腹を伸び縮みさせる方向と90度ずれて音が拡がっていく横波なので、光や電磁波とよく似ています。正確な表現ではありませんが、これで雰囲気だけは受け取ってもらえるかもしれませんね。

目の前にスクリーン

カタカムナによって高次元空間の中にいるようになると、目の前にスクリーンが現れ、患者さんの病気の原因となっている生活習慣や感情、思いが視えることがあります。身体中に湿疹ができて痒がっていた1歳の子どもを視ると、バナナを一生懸命に食べている姿が視えました。1歳の子がバナナなんてと思いましたが、お母さんに聞いてみると、この子はバナナを1日に1～3本も食べるそうです。それが原因で湿疹が出ていたのかもしれないと思ってバナナを食べるのをやめてもらいました。すると湿疹はそれっきり出なくなったのです。

45歳の女性は、左肩が痛くて腕を上げることができません。彼女の場合、私の目の前のスクリーンを見ると左側頭部の外側30㎝ほどの空間に真っ黒な部分が視えました。こういう視え方は、電磁波障害です。そこで痛みの原因は寝室の電気コンセントからの有害な電磁波ではないかと推測しました。寝室のコンセントの位置を聞いたところやはり彼女の頭の左側にあったのです。すぐにそこから離れてもらったところ、痛みが無くなり腕が上がるようになりました。

胃が痛いという女性は、スクリーンで視ると、夜中に下あごを左右に動かしている映像が視えました。胃の痛みは顎関節によるものと診断しました。聞くとやはり夜中に歯ぎしりをしているとパートナーに言われたといいます。そこで、顎関節を漢方で調整するとそれ以来、胃痛は無くなってしまいました。

このようなスクリーン映像は、いつでも誰に対しても必ず視えるというレベルにまで私はまだ達していませんが、経験を重ねることによってこのような能力は研ぎ澄まされていくようです。このような新しい能力や才能がウタヒを詠い、なぞり、書き写すことで得られます。

カタカムナウタヒによって
現われる空間は、
微細な粒や波が混ざったように感じられます。

そこには、通常の空間との間に
明らかな境界があります。

第七章

第2首
「ヤタノカカミ カタカムナ カミ」を読み解く

ヤタノカカミの秘密

いよいよこれからカタカムナの真髄であるヤタノカカミの秘密を解き明かしていきましょう。ここで最初に断っておきたいことがあります。それは、ヤタノカカミはただの立体ではなく「超立体」であるということです。超立体は、今ある三次元の技術では一つのモデル、または一つの形として表すことはできません。超立体であるヤタノカカミの全容を理解するためには、いくつかのモデルや形を必要とします。そこで、本章ではウタヒ第2首に書かれた意味、八章と九章では2つのモデル、または形を通してヤタノカカミの本当の姿に迫っていきたいと思います。

第2首　ヤタノカカミ　カタカムナ　カミ

このウタヒは、ヤタノカカミはカタカムナのカミであるという意味です。カタカムナにとって、どれほどヤタノカカミが重要なものなのか、このウタヒから伺い知ることができます。実際、ヤタノカカミを使うとカタカムナを完璧に使えるようになります。なぜなら、ヤタノカカミには、高次元とこの世界を隔てている扉を開ける力があるからです。実際に、立体のヤタノカカミを作って人の頭にかざすと、そこに右回りの渦と左回りの渦ができます。すると、立体のヤタノカカミの中心に向かって天から光の柱がものすごい速さで降りて来ます。光の柱は人体を貫き、地球の中心に達します。そのあと反転して、再び人体を貫き天に上がっていきます。病気を根本から治そうとするなら、ヤタノカカミを使う必要があります。

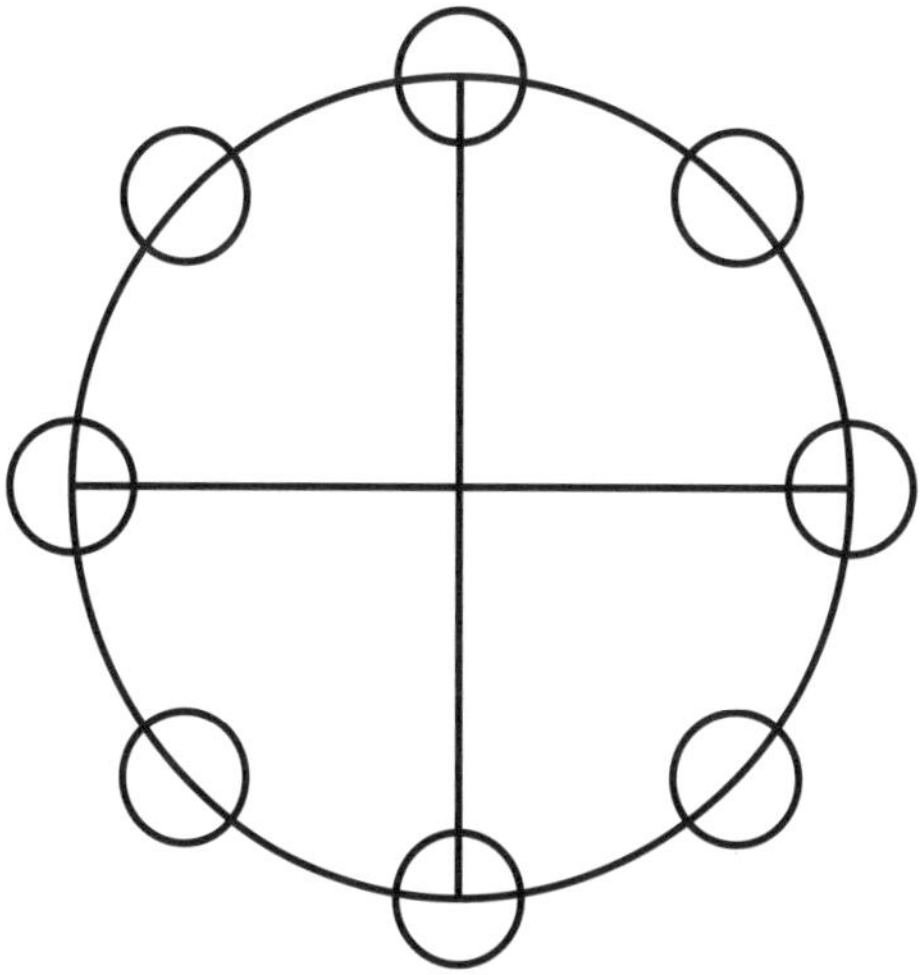

ヤタノカカミを見ると、これが単なる記号ではなく、
そこに生命に関わる重大な秘密が
隠されているように感じます。

第2首の「ヤタ」

ウタヒ第2首にあるヤタノカカミのヤタとは何でしょうか。

ヤタノカカミの「ヤ」は、ウタヒ第5首にヒフミヨイムナヤコト（1、2、3、4、5、6、7、8、9、10を意味する）とあるように、8を表しています。

次に、ヤタノカカミの「タ」についての説明です。「タ」は、カタカムナ文字で「⊖」と描きます。ヤタノカカミの十字をはずすと、8個ある小円の形がタ「⊖」の形をしています。ヤタという言葉は「8つのタがあること」ことを意味します。

ヤタノカカミ

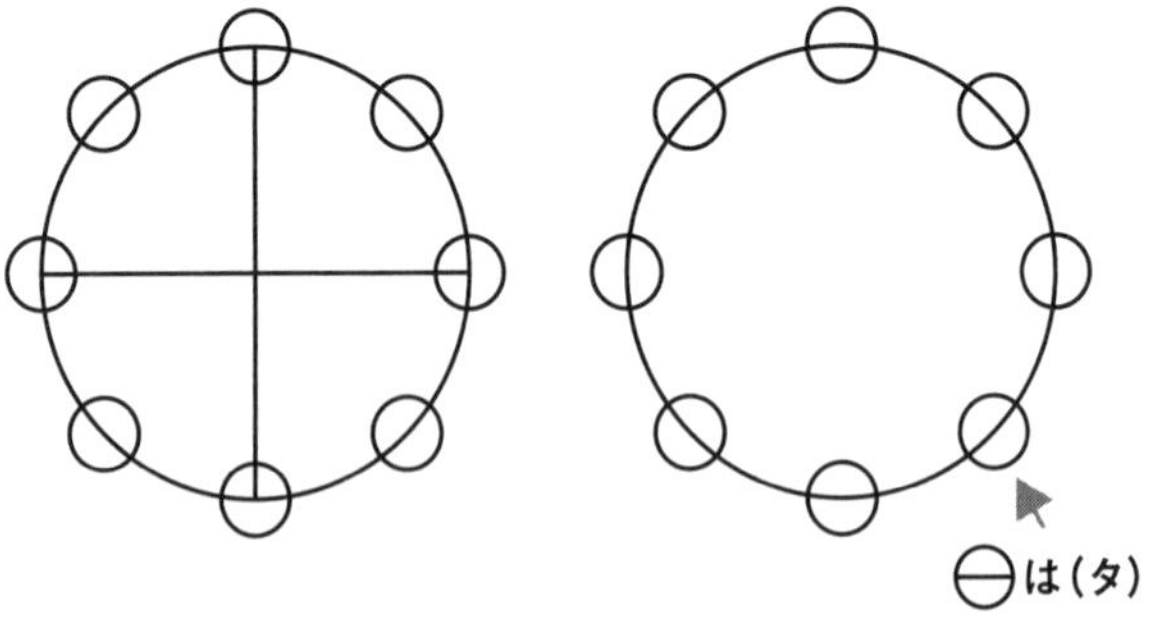

十字を取り除くと8個の⊖（タ）があることが分かります。

8つの「タ」

日本語で「タ」と言えば、私の場合は一番に田んぼの「田」が思い浮かびます。その次に思い浮かぶのは、多いことを意味する「多」です。田んぼは一つ一つが区切られた場を意味します。それが多くあると考えると、「タ」は区切られた場（空間）が多くあるということになります。もしかしたら「タ」とは、この世界の次元も含めた多次元のことを示すのではないでしょうか。8つの「タ」とは、無限にある多次元空間のうち、私たちと関わりのある主要な8つの多次元空間や高次元空間のことだと思います。

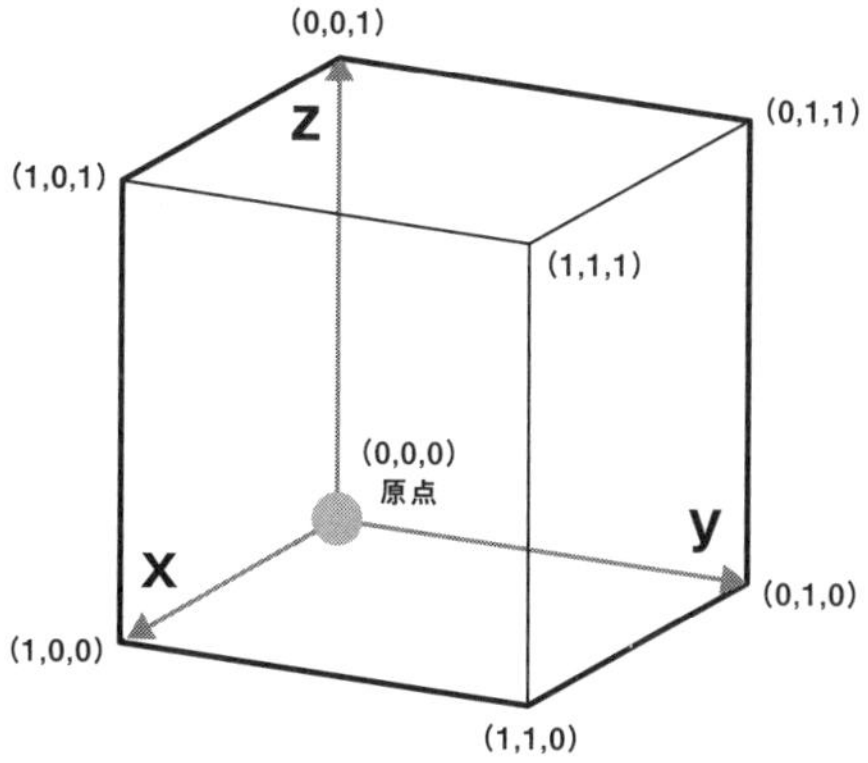

そして、8つのタは、図にあるような座標軸によって表される特定の時空間ではないかと推測しています。そして、この8つの「タ（⊖）」として考えられる時空間が発する固有の周波数は、地球ではドレミファソラシドにあたるのではないかと私は思っています。

「カカミ」とは

次はヤタノカカミの「カカミ」に注目してみましょう。カカミとは一体どういう意味なのでしょうか。

カカミとは、文字通り、鏡に映してみるということを意味します。このことを理解するために、ヤタノカカミの小円「⊖」に図Aのように順番に数字をつけてみました。この数字のつけ方はあくまでも話を分かりやすくするために便宜上つけたものです。これを鏡に映すと、図Cのようになります。図Cが図Aの鏡像であること以外にどういった意味を持つのかを考えてみると、それは、図Aを**裏から見た時と同じ見え方**だと分かりました。

カカミという言葉は、ヤタノカカミに裏があることを私たちに気づかせてくれるため

のヒントでした。

ヤタノカカミには、表だけでなくコインのように裏もあったのです。これは重大なことを意味します。ヤタノカカミに裏があるということは、ヤタノカカミを考える時に一方向（表）からだけ見て考えるのではなく、別の方向からも見て考える必要があることを示唆しています。

図A

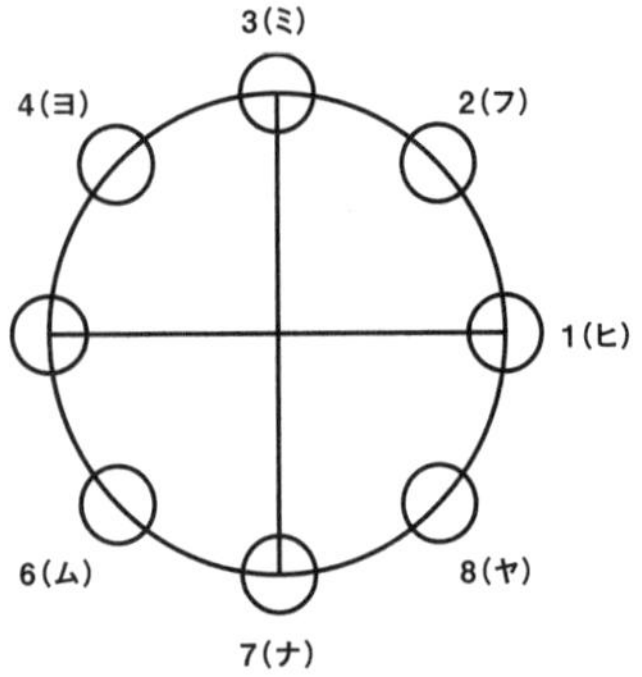

図Aを鏡に映すと

図C

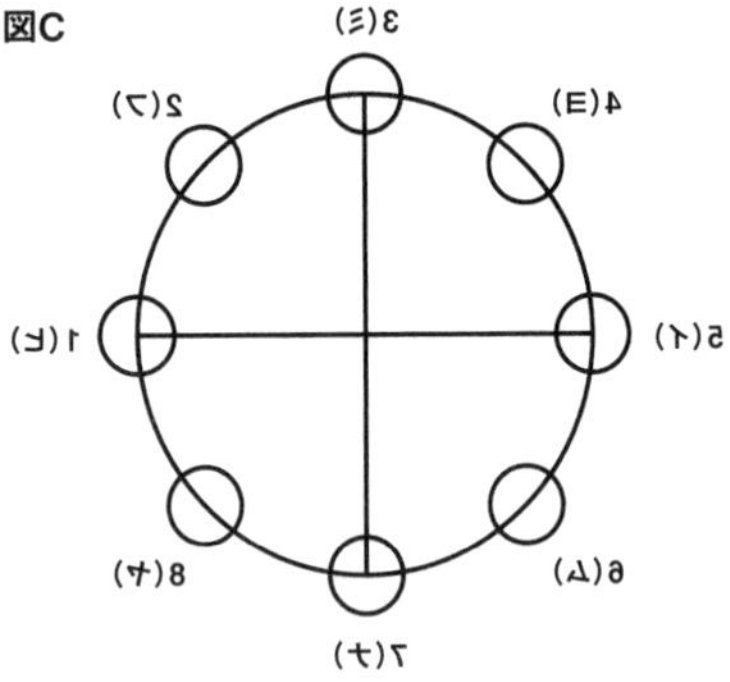

第八章
「超立体ヤタノカカミ」の考察
裏表のモデル編

この章では超立体ヤタノカカミを裏表のモデルとして説明していきます。

ヤタノカカミに1〜10を入れる

ヤタノカカミは、平面図として書かれています。カタカムナ関連の本には、図Aのようにヤタノカカミの小円に1〜8までの数字が反時計回りに書かれているのをよく目にします。しかし、ヤタノカカミの構造を示すウタヒ第5首には、ヒ(1)フ(2)ミ(3)ヨ(4)イ(5)ム(6)ナ(7)ヤ(8)コ(9)ト(10)と1〜10まで数字が書かれています。ヤタノカカミの小円に1〜8までしか数字が入れられていないことに少々違和感を感じます。何とかしてヤタノカカミに1〜10までの数字を入れられないか検討する必要があります。ヤタノカカミの小円は8個あるので、そこに1〜8を入れることができます。十字の中心にも一つ入れることができるので、9個の数字を入れられます。しかしこのままでは10を入れることができません。一体どうすれば、ヤタノカカミに10を入れることができるのでしょうか。

先のカカミのところで話したように、カカミという言葉は、ヤタノカカミに裏があることを示しています。ヤタノカカミの裏を見ると、中央の十字の部分にもう一つ数字を入れるところがありました。これで1〜10の数字をヤタノカカミに入れることができます。

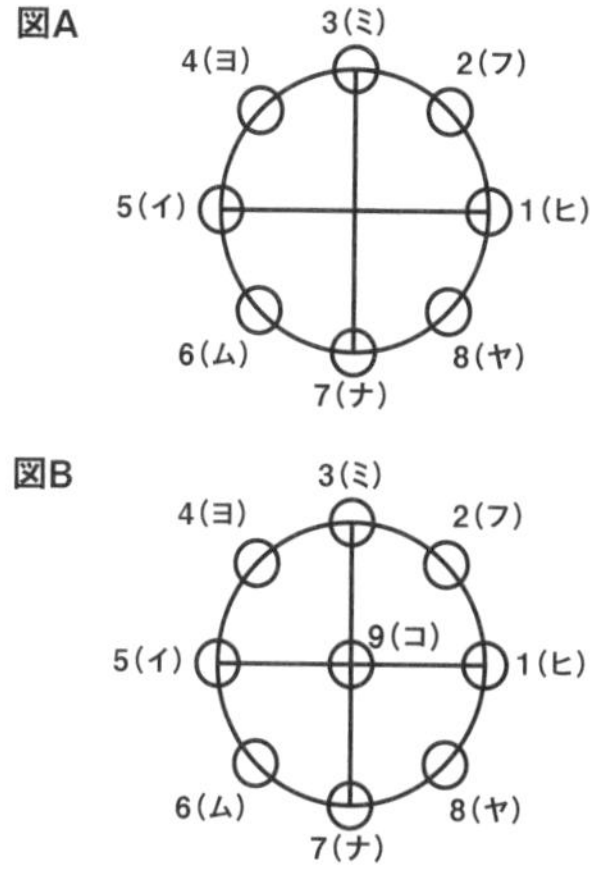

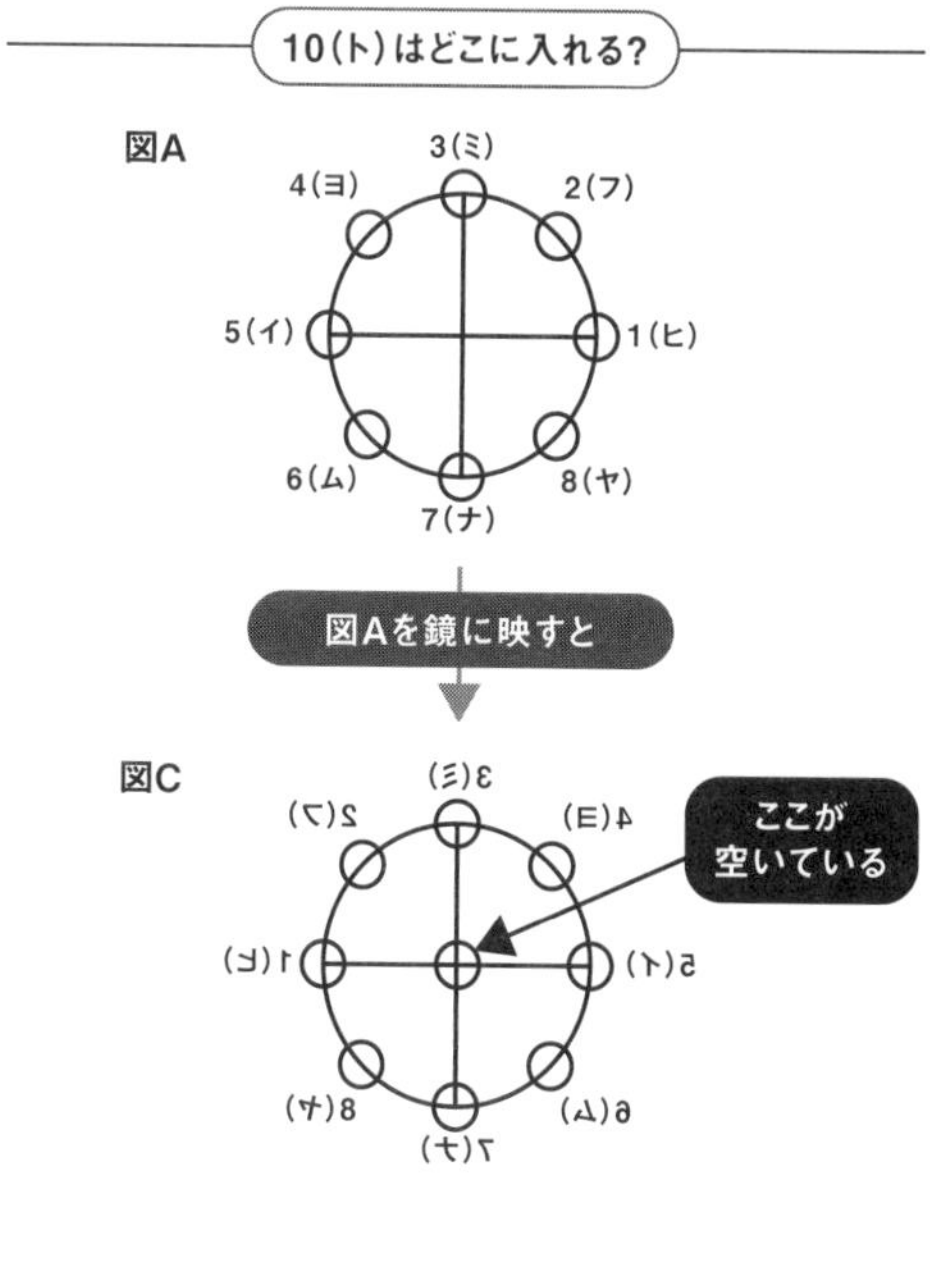

まとめ

10の数字を入れる場所はないかと探してみると、ヤタノカカミの裏側の中心に一つ、10の数字を入れるスペースがありました。これでヤタノカカミに1〜10までの数字を入れることができました。

数字の入れ方

次はどのように表と裏のヤタノカカミに1〜10の数字を入れていくかです。

ヤタノカカミの図Aや図Bの数字の入れ方は、カカミの意味を説明するために便宜上つけた仮のものでした。これからは、ヤタノカカミに正しい順番で数字をつけていく過程を示します。一旦、図Aや図Bの数字の入れ方はきれいさっぱり忘れてください。

まずは図Fのように、**時計でいえば1時半にあたる位置から、1、2、3、4までの数字を反時計回りに入れていきます。**（図F）なぜ1時半の位置から始めるかというと、3時の位置から始めると6がヤタノカカミの中心にきて、5がヤタノカカミの中心にこなくなるからです。

ウタヒ第4首は、「イハトハニ　カミナリテ　カタカムナ　ヨソヤコト　ホクシウタ」です。このウタヒの最初にあるイハトワニカミナリテの意味は、「イ（5）は永遠に神」という意味です。神であるイ（5）はヤタノカカミの中心に位置しなければなりません。

そのためには、時計の一時半にあたる位置から、1、2、3、4の数字を入れていく必要があります。

次に、4から十字の中心に向かって道（十字の水平方向の左半分）があるので、それを通って中心に行き、そこに5を入れます。（図F）5～6へは、道（十字の水平方向の右半分）があるので、それを通って6までいきます。ウタヒ第5首にヒフミヨイ　**マワリテメクル**　ムナヤコトと書かれているので、**6からは1～5とは反対方向の時計回りに数字を入れていきます。（図G）**

さぁ、これでヤタノカカミの表側に1～9まで数字を入れることができました。

●ルール

ヤタノカカミに順番に1～9までの数字を入れていく時には、一定のルールがあります。それは、ある数字から次の数字に進む時、必ず線の上を進むというルールです。図Fを例にとると、1～5へは線がないので直接行けないということです。数字から次の数字に進む時、線の上を進むというルールは絶対です。

図F

平面図(表)

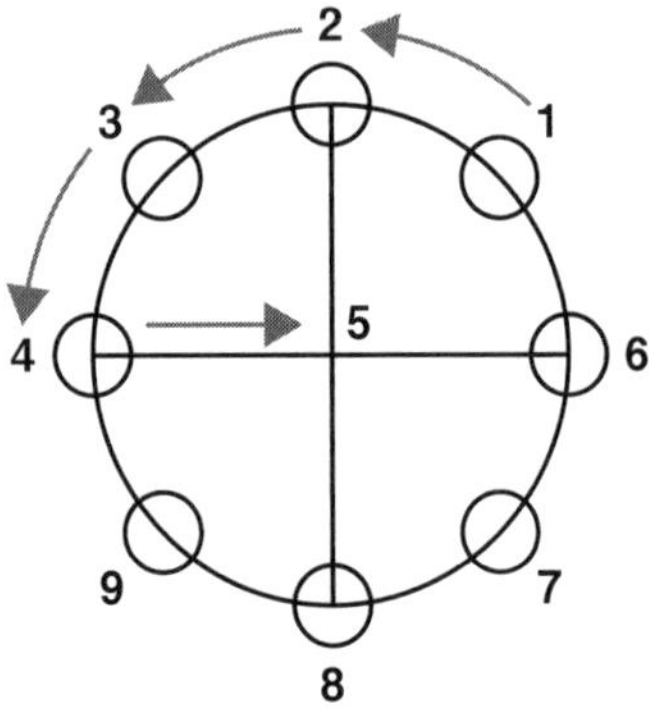

図G

平面図(表)

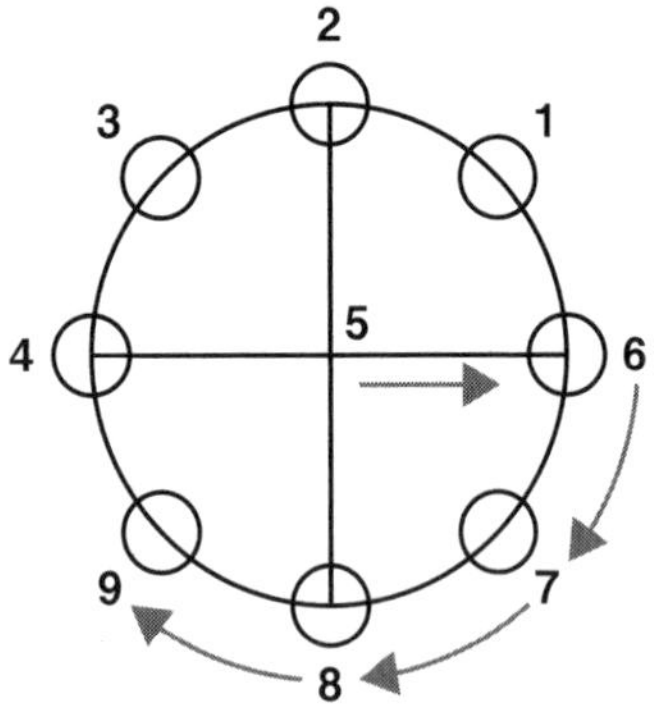

最後に10を入れる

ヤタノカカミの表に1～9の数字を入れ終わりました。次はヤタノカカミの裏に10を入れる番です。

図Hは、ヤタノカカミを裏から見た図です。ところが、線上を進んでヤタノカカミの裏の中心（10を入れるところ）に9から進もうと思っても、そこへ行く道（線）がありません。先に示したルールがあるため、9～10へ進むためには、9→8→10（中心）か、9→4→10の線上を行くしかありません。しかし、それでは1→10という順番が崩れてしまいます。9～10へ進む線（道）がヤタノカカミの裏にないのは、ヤタノカカミの表の十字と裏の十字が同じだと仮定したために起きたことです。

9→10へ線上を辿って行く道を作るには、表の十字と裏の十字が45度の角度でねじれていればいいのです。ねじれがあると、図Jの右側のように、9～10に進む線（道1）があり、この線を通って直接中心に行き、そこに10を入れることができます。

ねじれが循環を生む

さらに、裏の十字が表の十字と45度の角度でずれているため、10に行った後は、図Jの「道2」があるため、この「道2」を通って再び1に戻ることができます。こうして1から10に行ったあと、再び1に行くという永続的な循環が生まれます。まさにマワリテメクルです。

●まとめ

ヤタノカカミの表と裏に1~10の数字を入れる場所が見つかりました。この時、9から10へいくには、表から裏に回り込むという方法を取っています。これはまさに、ウタヒ5首のマワリテメクルを意味します。

マワリテメクルは、平面的な回転だけでなく、立体的な回転を意味していたのです。

そして、もう一つ大切なことは、ヤタノカカミの表と裏の十字が45度でねじれているということです。この45度のねじれについては、フトマニのところでも説明します。

図I
仮にねじれがなかったら…

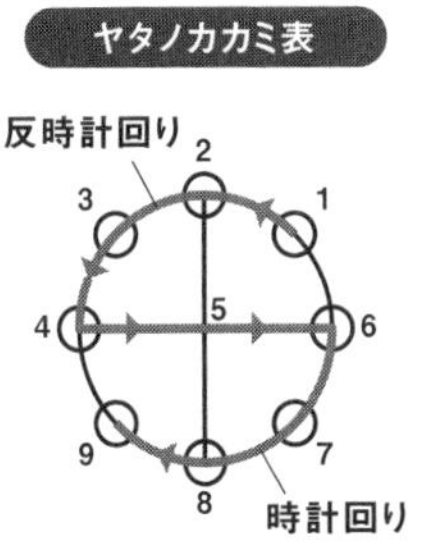

図H
仮にねじれがなかったら…

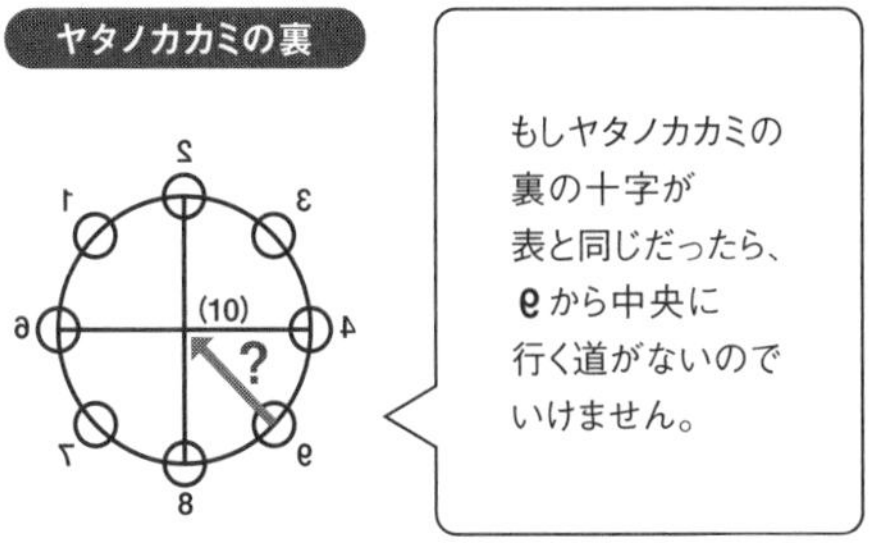

図J　ねじれがあると

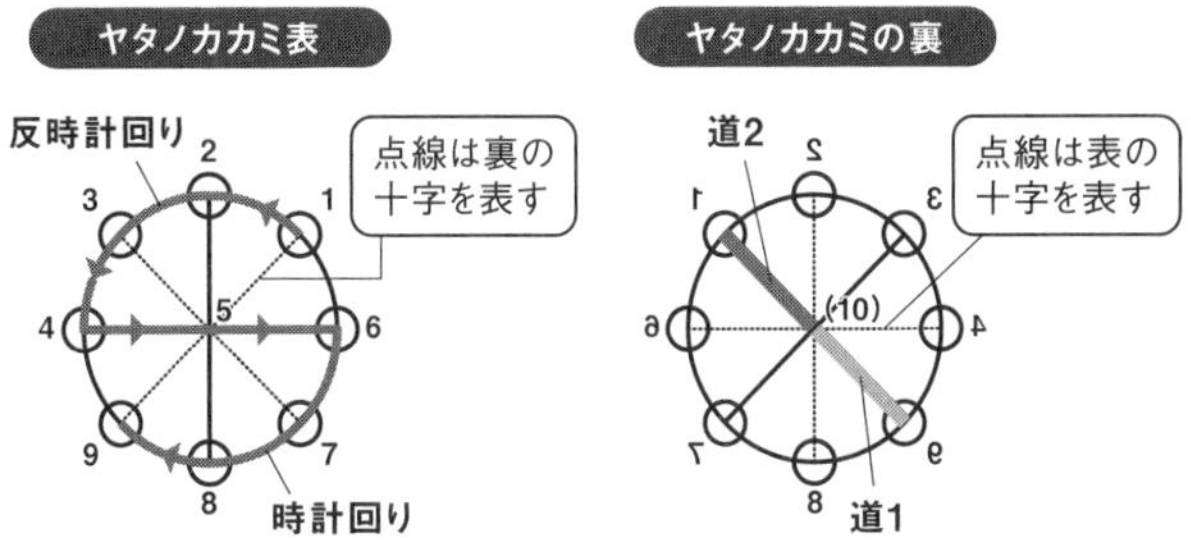

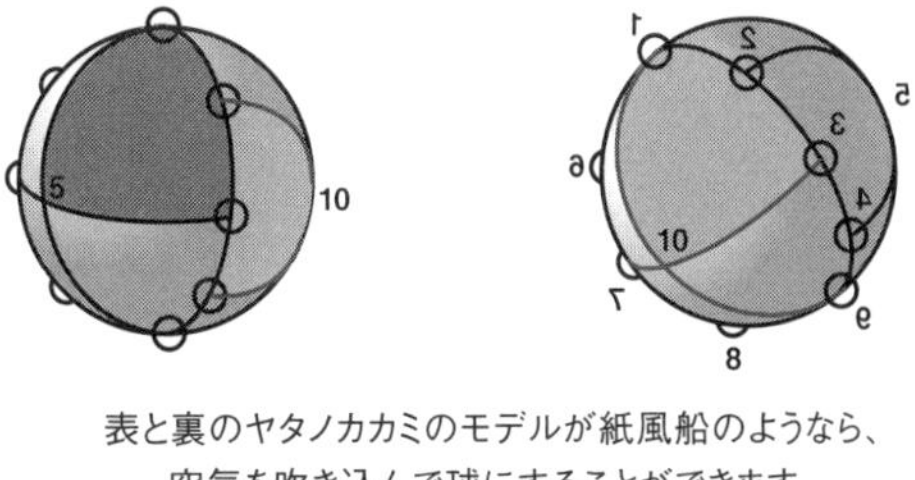

表と裏のヤタノカカミのモデルが紙風船のようなら、
空気を吹き込んで球にすることができます。

●実用

紙の両面に図Eのようにヤタノカカミと1〜10の数字を書き入れます。裏の数字は図のように鏡文字で書きます。これを手に持ってウタヒを唱えると、完全で完璧な高次元空間が現れやすくなります。

図E

ヤタノカカミ表

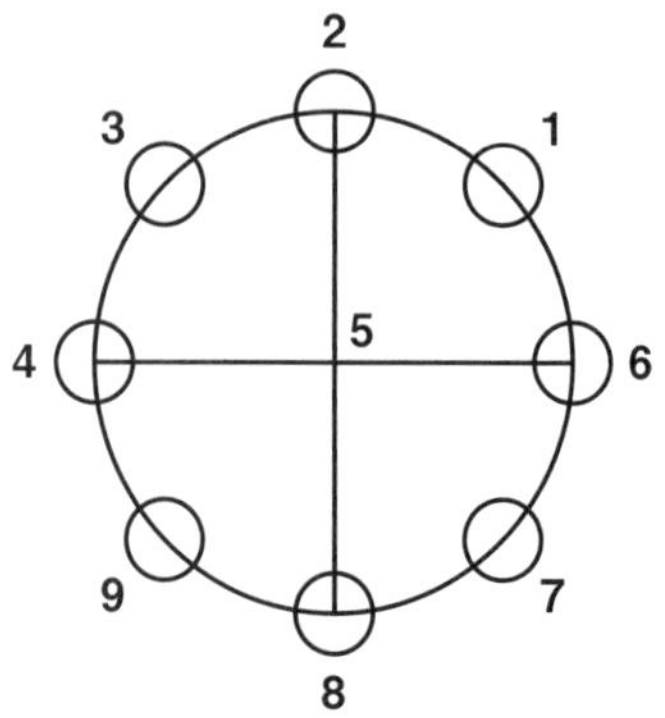

ヤタノカカミ裏

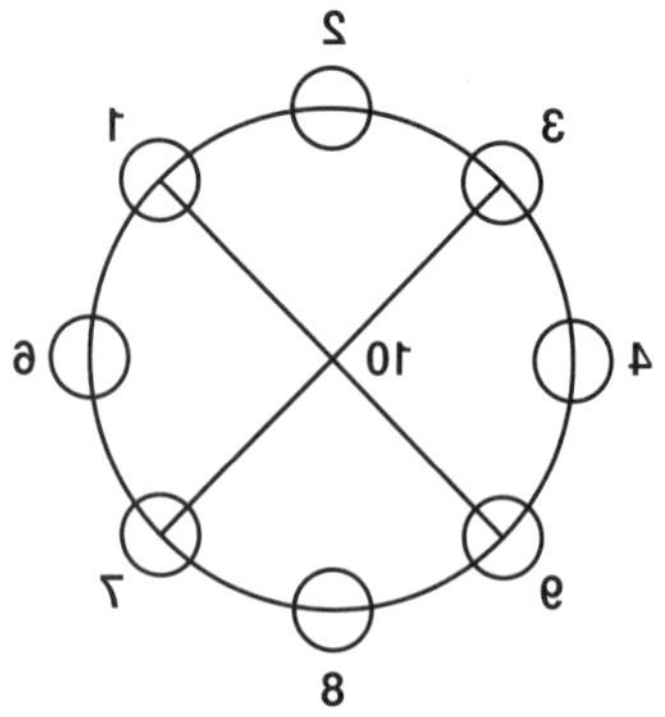

第九章
「超立体ヤタノカカミ」の考察
球体モデル編

この章では超立体ヤタノカカミを球体のモデルとして説明していきます。

ヤタノカカミの立体

カタカムナウタヒを詠んでいくと、タマ（球を表す言葉）という言葉が出てくるので、ヤタノカカミの本来の姿は球体ということが分かります。そして、球体の表面に均等に8個の小円を配置したものがヤタノカカミの本来あるべき姿であることが、ヤタノカカミの平面図に8個の小円が均等に並んでいることから分かります。

ではさっそく、球の表面に均等に小円を正確に入れていきましょう。ところが、そうは言われても私たちは球に均等に8個の小円を正確に配置することに慣れていません。一体どうしたら正確に球に小円を配置することができるのでしょうか。答えは簡単です。球に内接する正六面体を使えばいいのです。正六面体の角の頂点は全部で8つあって、これらの8つの頂点は均等に配置されています。

8個の頂点を持つ正六面体が円に内接した時の8個の接点が、球体に均等に8個の小円を正確に書くことと同じになります。円で考えると難しいことも、正六面体に置き換えて考えると理解しやすくなります。

これは、球の話を、私たちになじみの深い立方体（正六面体）として考えることができるということです。頭をフルに使って、まずは正六面体のヤタノカカミを作り上げていきましょう。

実際に正六面体を作って8つの角（頂点）に、図のように123456789の数字を書いていくと分かりやすいのでやってみてください（P144図参照）。付録に正六面体の図面があるのでそれをコピーして使ってもいいでしょう。図に入れる数字は洛書に書かれている配列を使います。これについては第十二章のアウノスヘシレの部分で詳しく解説します。

5は正六面体の角（頂点）にはきません。イハトハニカミなので、5は立方体の中心になります。

10（十）は直交する2本の線（十字）で表されています。十は十字の中心に位置します。位置的に言うと、5と同じ場所になります。

時空間の空間だけを考えると、5と10は全く同じ場所に位置することになります。

球に内接する正六面体

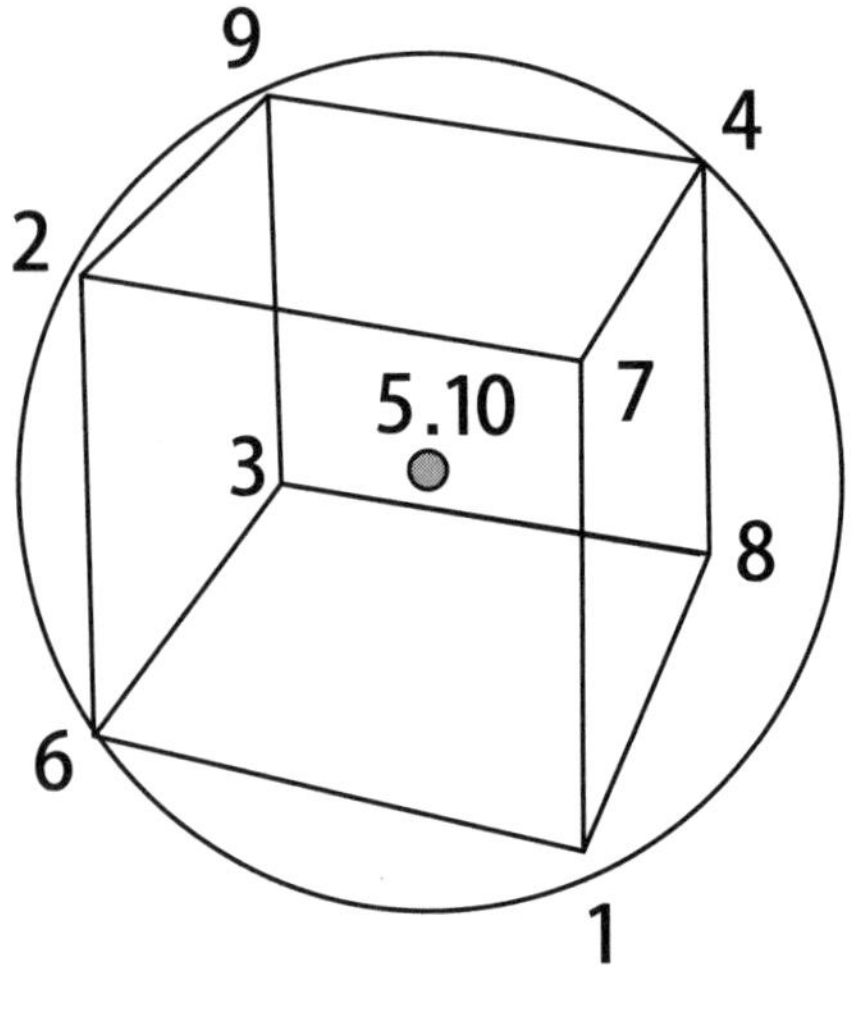

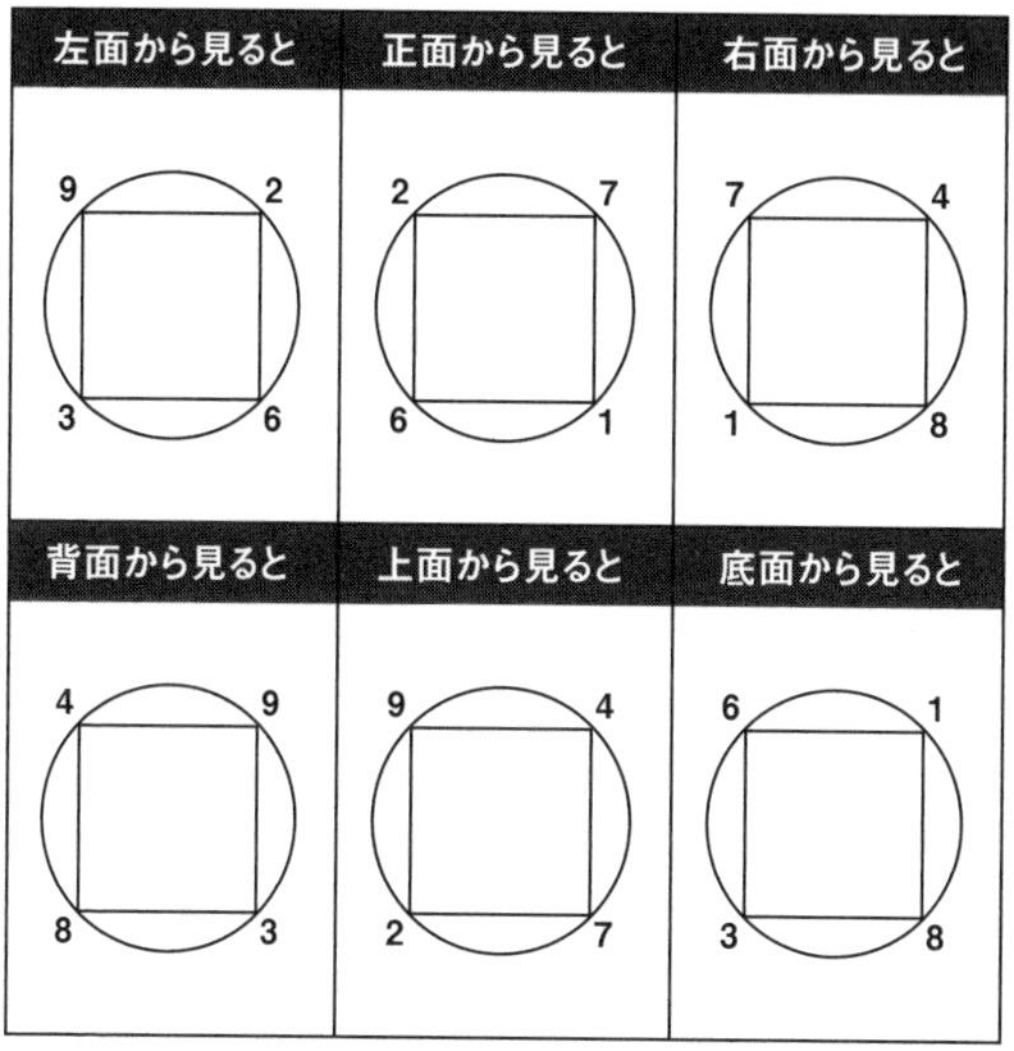

1～10の数字の配列は洛書の配列と同じです。その理由は第12章で説明します。

正六面体で考える

では、正六面体に数字を書き入れていく方法を、図Kをもとにみていきましょう。
次の①～⑧のように進みます。（図K‐①～⑩）

① 1からスタートして、左斜め上の2に行きます。（図K‐①）

② 2から斜め下の3に行きます。（図K‐②）

③ 3から右斜め上の4に行きます。（図K‐③）1～4までは、正六面体の面を斜めに横切って行きます。

④ 4～5、5～6へは面を横切るのではなく、正六面体の中心5（これは正六面体が内接する球の中心でもある）を通って行きます。（図K‐④、図K‐⑤）これは球の形を割くので、カタチサキ（第5首の最後の句）と表現されています。

⑤ 6から右斜め上の7に行きます。（図K－⑥）

⑥ 7から斜め下の8へ。8から斜め左の9へ行きます。（図K－⑦、図K－⑧）6～9までは、正六面体の面を斜めに横切って行きます。

⑦ 9～10へは正六面体の中心10（これは正六面体が内接する球の中心でもある）を通って行きます。一桁が二桁の数字になり、次元が一つ上昇します。（図K－⑨）

⑧ 10から一つ次元が上昇した正六面体の1に行きます。（図K－⑩）

図K－①～⑩

図K－①

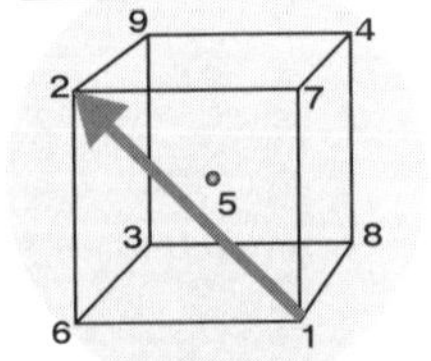

※面を通る

図K－②

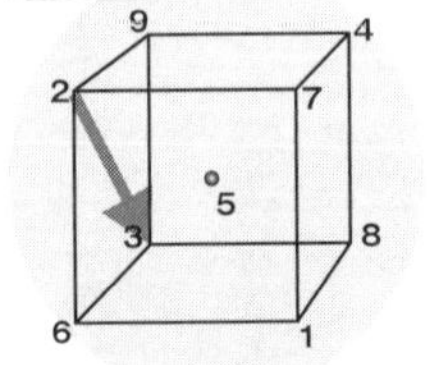

※面を通る

図K－③

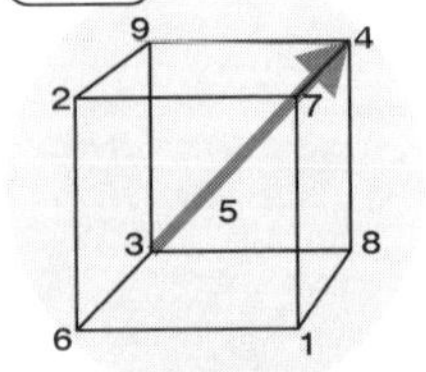

※面を通る

図K－④

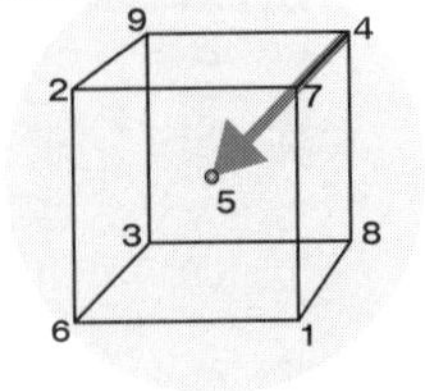

図K－⑤

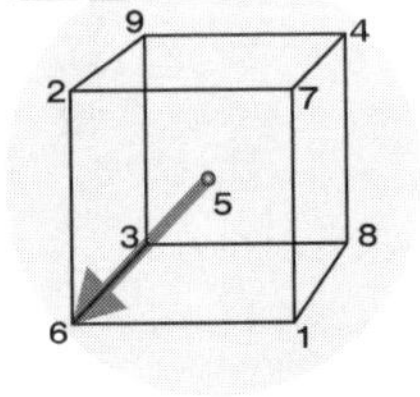

図K－⑥

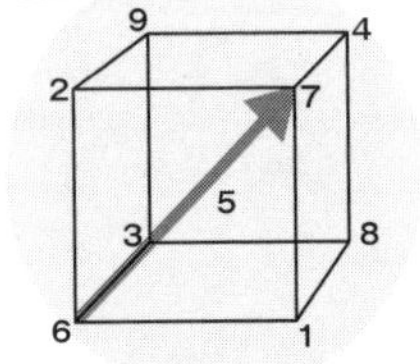

※面を通る

図K－⑦

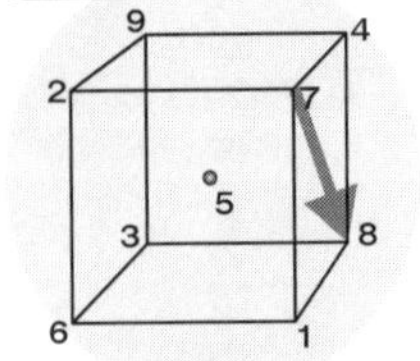

※面を通る

図K－⑧

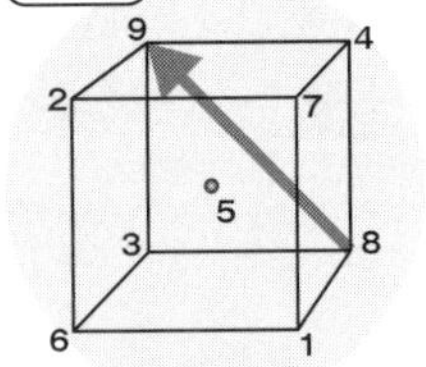

※面を通る

図K－⑨

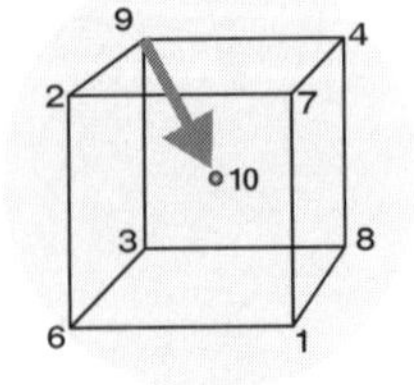

図K－⑩

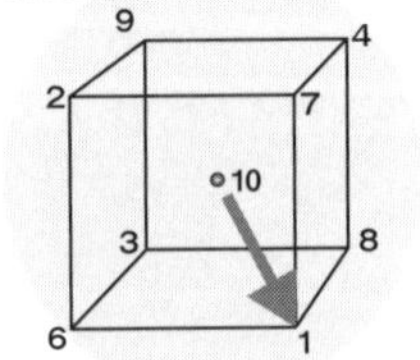

※一つ次元が上昇した正六面体に行く

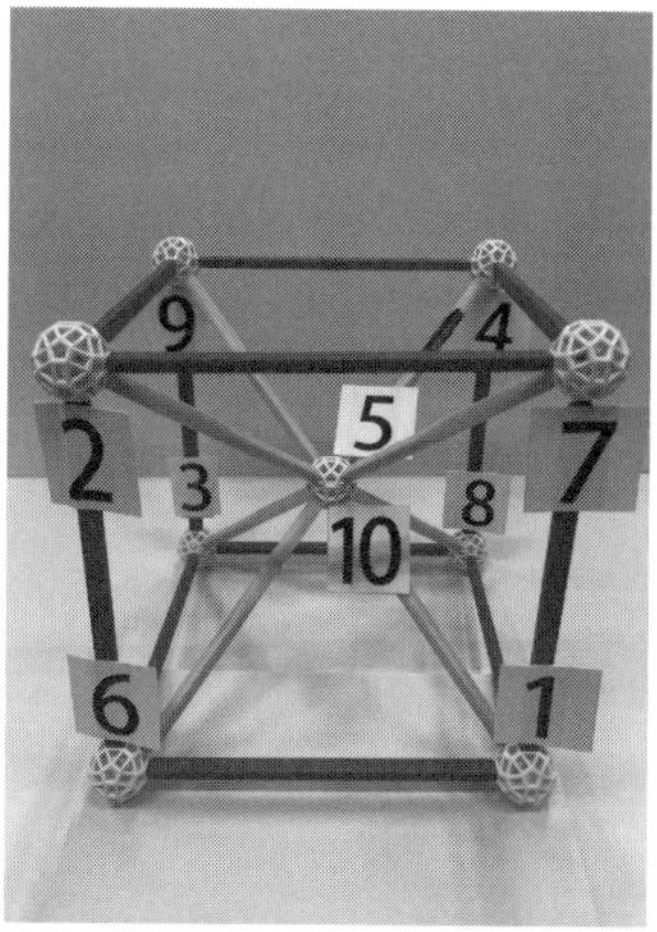

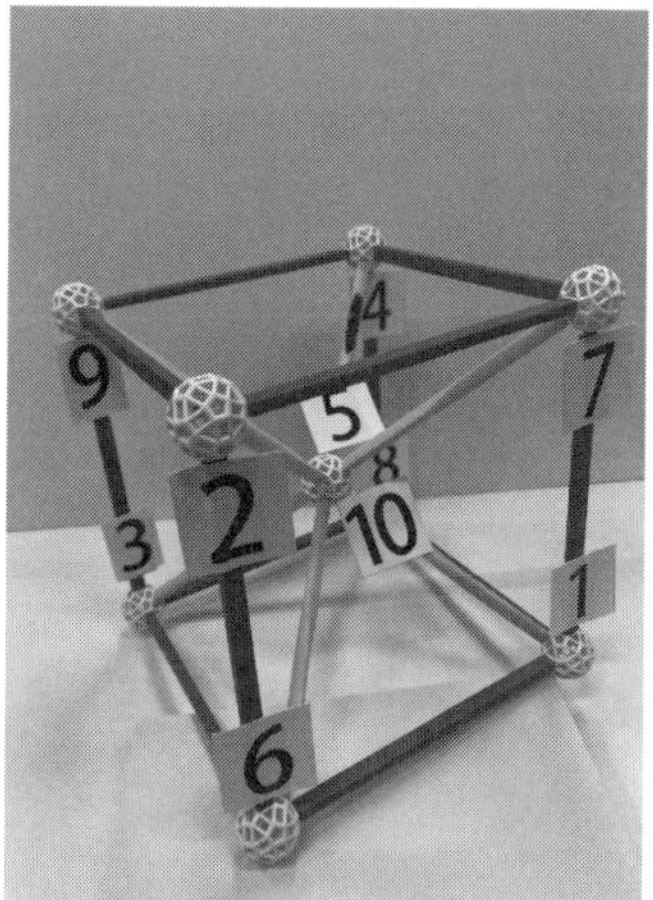

このような立体を自分で作って数字を入れていくと理解が深まります。
1～4、6～9までの数字がある角（頂点）は球と接しています。

正六面体を膨らませて球体にしたイメージ図

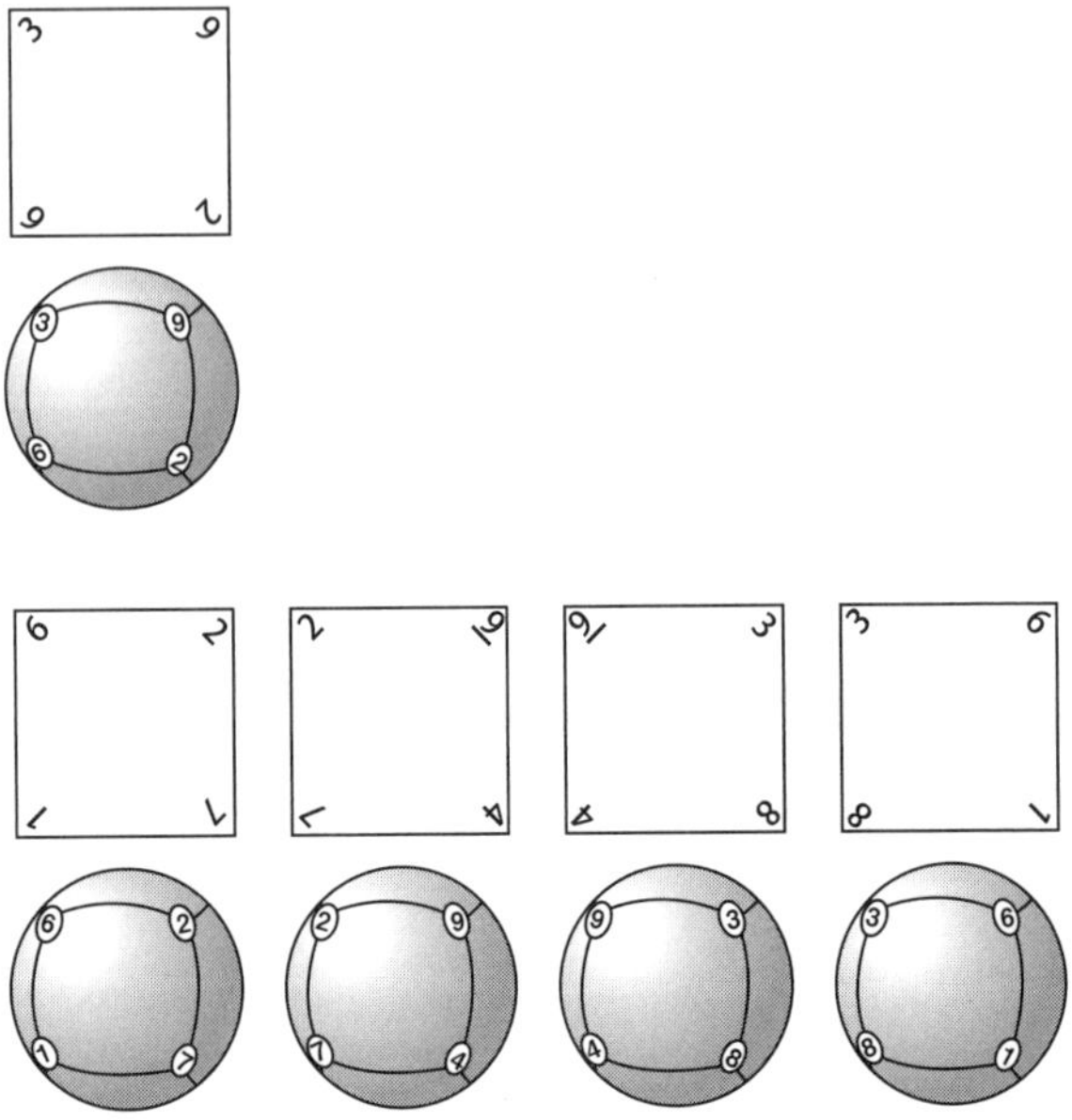

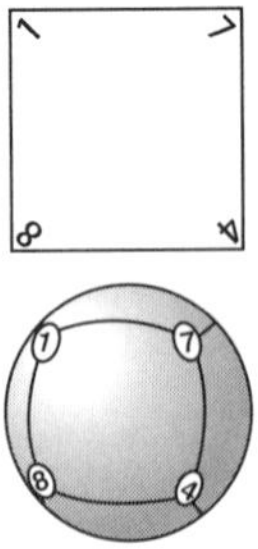

数字や図形は宇宙の共通言語です。立体のヤタノカカミは、数字と図形が一体となったまさに宇宙の共通語です。

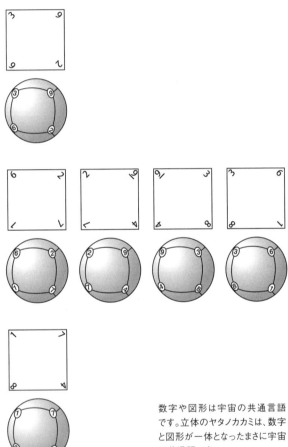

ヤタノカカミの球体

正六面体の頂点と中心に番号を振ることができたので、それを風船を膨らませるようにして球体にします。

具体的には、正六面体をスッポリ球の中に入れ、正六面体の頂点が球体と接する球体の表面に、1～4、6～9までの数字を書き入れます。4と6の間の5と、9の次の10は、球体の中心に浮かせて書き入れます。1～10までの数字を書き入れたら、1～10までの数字を結んでいきます。

こうして作った正六面体を、プラスチック製の球の中に正確に内接するようにします。球面と正六面体の角がぴったりと合わさるようにします。これで球の表面に8つの均等な小円を正確に配置することができます。8つの小円に12346789の8つの番号を振っていきます。5と10は球の中心点になります。1から10までの小円を順序よく進んで行くと、写真のようなヤタノカカミの球体ができます。これを持ってウタヒを詠うと、完全で完璧な高次元空間が自分の周囲に現れます。もちろん治療効果は絶大です。

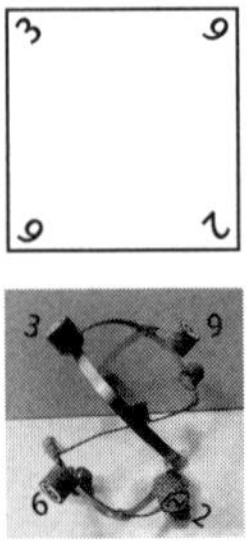

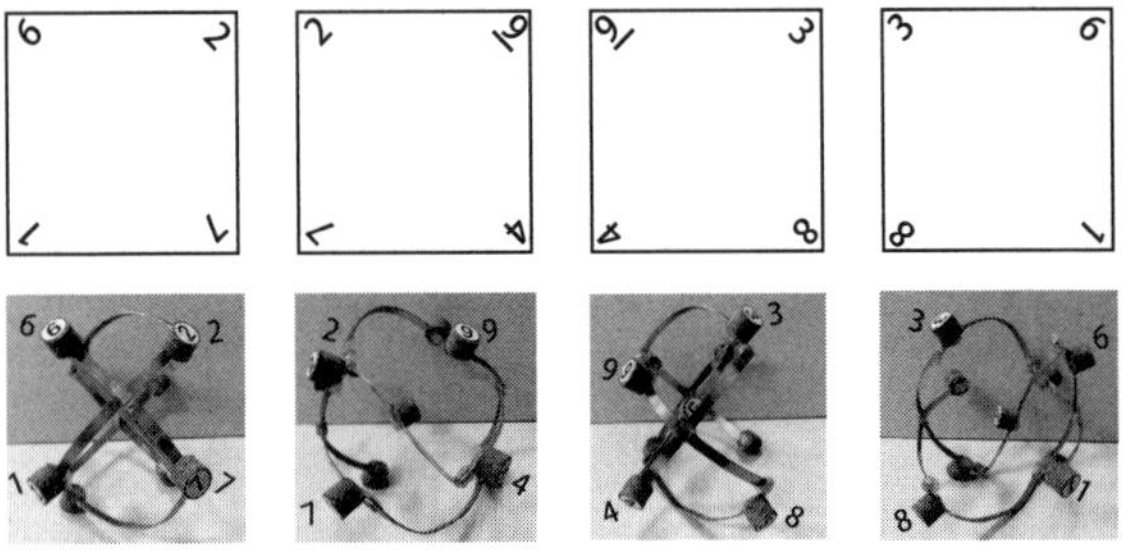

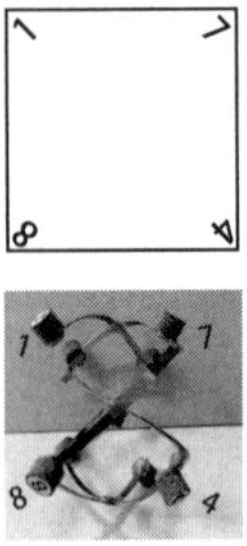

球に内接する正六面体と、その中心に1から9までの数字を振ったあと、それらを銅線で結んだのが写真の形です。

ヤタノカカミを理解するためには少なくとも2つのモデルが必要となる

この章ではヤタノカカミの立体を作りましたが、ヤタノカカミの本来の姿は、この三次元で完全に一つの立体として表すことはできません。というのは、ヤタノカカミは三次元世界だけでなく、高次元世界にも属しているからです。ヤタノカカミの表裏のモデルと立体のヤタノカカミのモデルの二つのモデルを使って、ヤタノカカミを解析しているのはこういった理由からです。

第十章
「超立体フトマニ」の考察

第3首　フトタマノ　ミ　ミコト　フトマニニ

ウタヒ第3首は、「フトタマノ　ミ　ミコト　フトマニニ」です。

まずはウタヒの中心図形であるフトマニに注目してみましょう。

フトマニは、一見すると剣の切先を上から見たような形をしています。また、フトマニはピラミッドを上から見た形にも見えます。さらに、フトマニはピラミッドを上下に2つ、底面で合わせた正八面体である可能性があります（A）。しかし、これらはフトマニの一側面に過ぎません。

球体に4個の円をBのように書きます。そして、それを上から見ると平面のフトマニと同じに見えます。フトマニの直線に見えていたところは、実は円の一部です。これらのことから私は、立体のフトマニは直線（ピラミッドが上下に重なったフトマニ）と円（球に4個の円が書かれた球体）の両方の性質を併せ持った超立体だと考えています。

A

超立体フトマニの直線のモデル

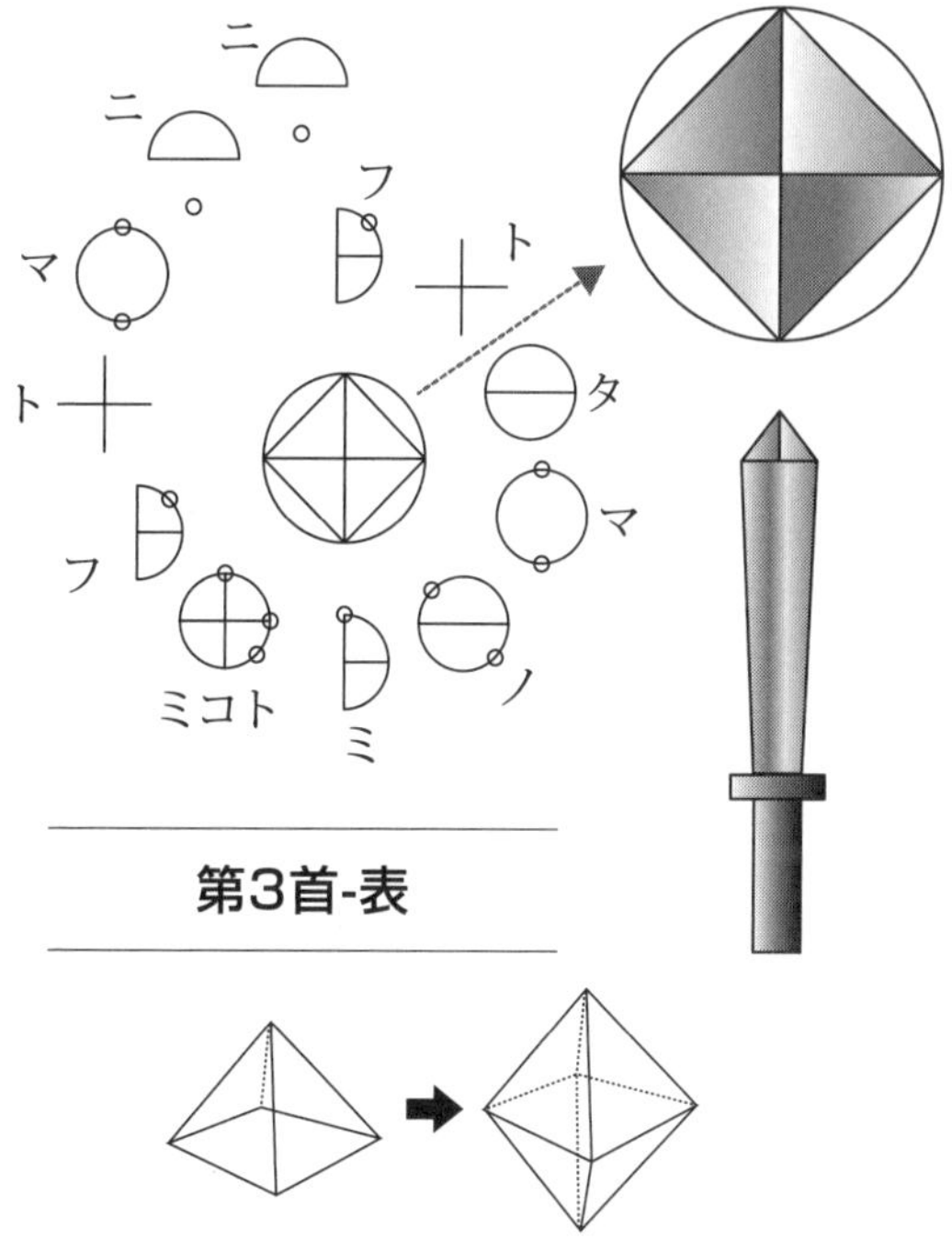

B

超立体フトマニの球体のモデル

4つの円をより大きな球の中に書き込み、その球を上下から見ると平面のフトマニと同じになる

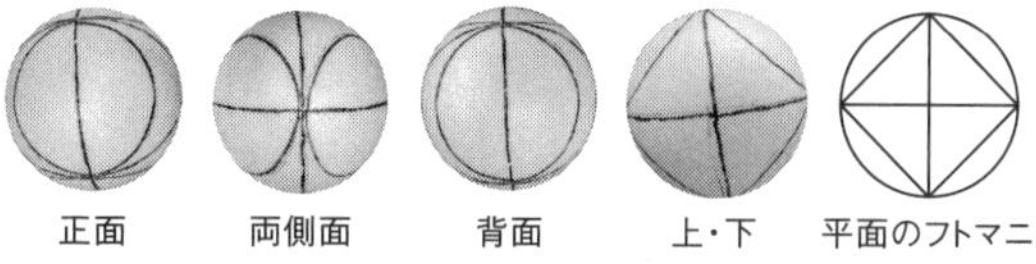

ウタヒ第3首の内容

次に、ウタヒ第3首の内容について見てみましょう。

第5首には数字を表すヒフミヨイムナヤコトという言葉があります。この数字を表す言葉からすると、フトタマのフは2を、トは10を表すので、「フト」は2と10で20を意味することになります。「タ」は座標を表し、「マ」は時空間を表します。「タ」と「マ」が一緒になった「タマ」は、座標が示す場の空間を表すとともに、球を表します。そして、フトタマ図1にはタマは20個あり、20の座標が示す空間が存在します（フトタマ図1）。フトタマ図の一つ一つの円は、一つ一つの座標が示す場の空間であり、木にたわわになった実に例えてフトタマノミ（実）と表現されています。フトタマノミコトのミコトは理《ことわり》、法則を表します。その法則とは、どの順番でフトタマノミが進んでいくかということです。具体的には、フトタマ図1のように一つ一つの座標が示す場の空間（実）に番号をつけていきます。フトタマ図を1～20まで順番になぞっていくと、8を2つ並べたような形ができます。その二つの8の回り方は逆です（フトタマ図2）。この8と8が高次元へのゲートを開くカギとなるフトマニという形なのです。

フトタマ図

フトタマ図1

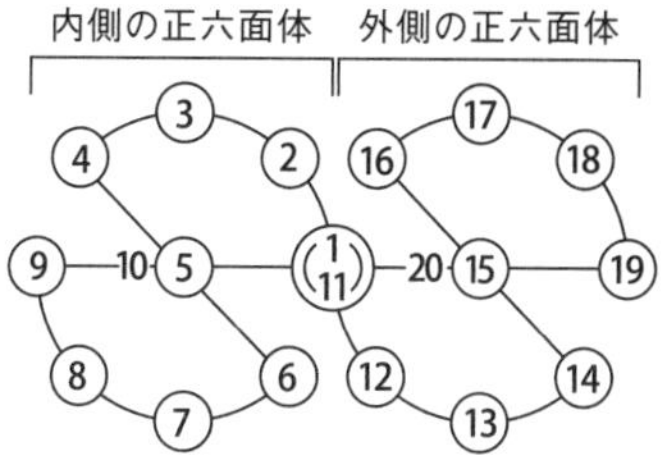

フトタマ図2

1から20の順番をたどると8を2つ並べた形が現れる

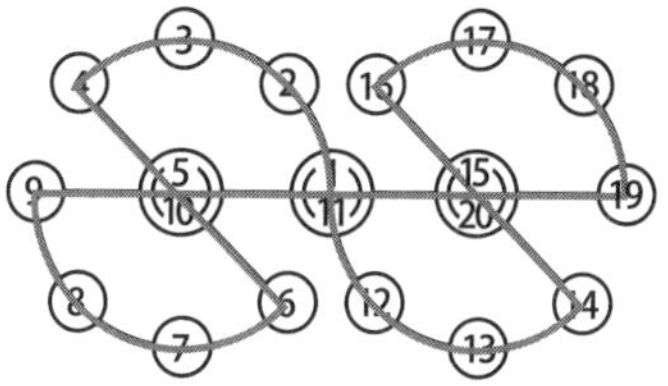

ヒフミヨイムナヤコトの図形とそれに対向するように
描かれた図形を一つにしたものがフトタマ図です。

フトタマ図を正六面体で表す

これまで説明してきたことを正六面体で表すと、フトタマ図3のように正六面体が二重になった構造になります。これをヤタノカカミに1〜10まで入れていく順番を正六面体で説明した時のように、1〜20まで順を追って入れていきます。最初はフトタマ図3の内側の正六面体を1〜10まで、順を追って入れていきます。その後、11〜20までは外側の正六面体を順を追って入れるようにします。すると、その場にフトマニ（20の時空間が一つになった場）が現れます。

このようなものを実際に作って、その中にイメージで人を入れると症状が消えたり、人の身体によい変化が起こります。

フトタマ図3

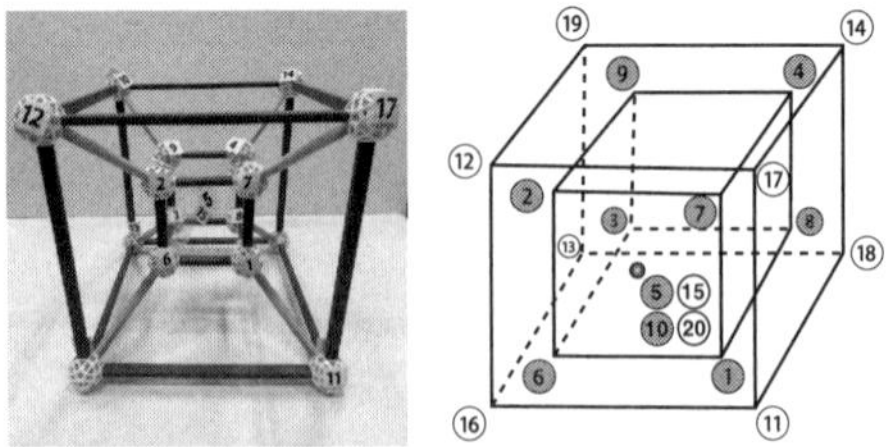

●は内側の正六面体を、
○は外側の正六面体を
表しています

第十一章

中心図形のねじれの意味

ねじれの重要性

この章では、第八章の表と裏のヤタノカカミのモデルに出てくるねじれについて説明します。カタカムナの図形からも見て取れる「ねじれ」は、この世界と見えない世界（高次元空間）を繋ぐ上で大変重要な役割を担っています。なぜなら、ねじれが時空間や次元間を隔てている扉を開く鍵だと考えられるからです。この章では、ねじれの原理を詳しく見ていきます。

「ヤタノカカミ」のねじれ

図で見るように、中心図形ヤタノカカミの表と裏は、45度の角度でねじれの関係にあります。このねじれが、ねじれ場と呼ぶ三次元と高次元の交差を可能にする空間を生み出します。ねじれ場がなければ、見える世界（現象界）と見えない世界（潜象界）は循環する事ができません。このねじれを使ってウタヒの効果を上げる方法があります。円形のコースターに45度のねじれ関係にある図を書いて、それを手に持ってウタヒを詠うという方法です。

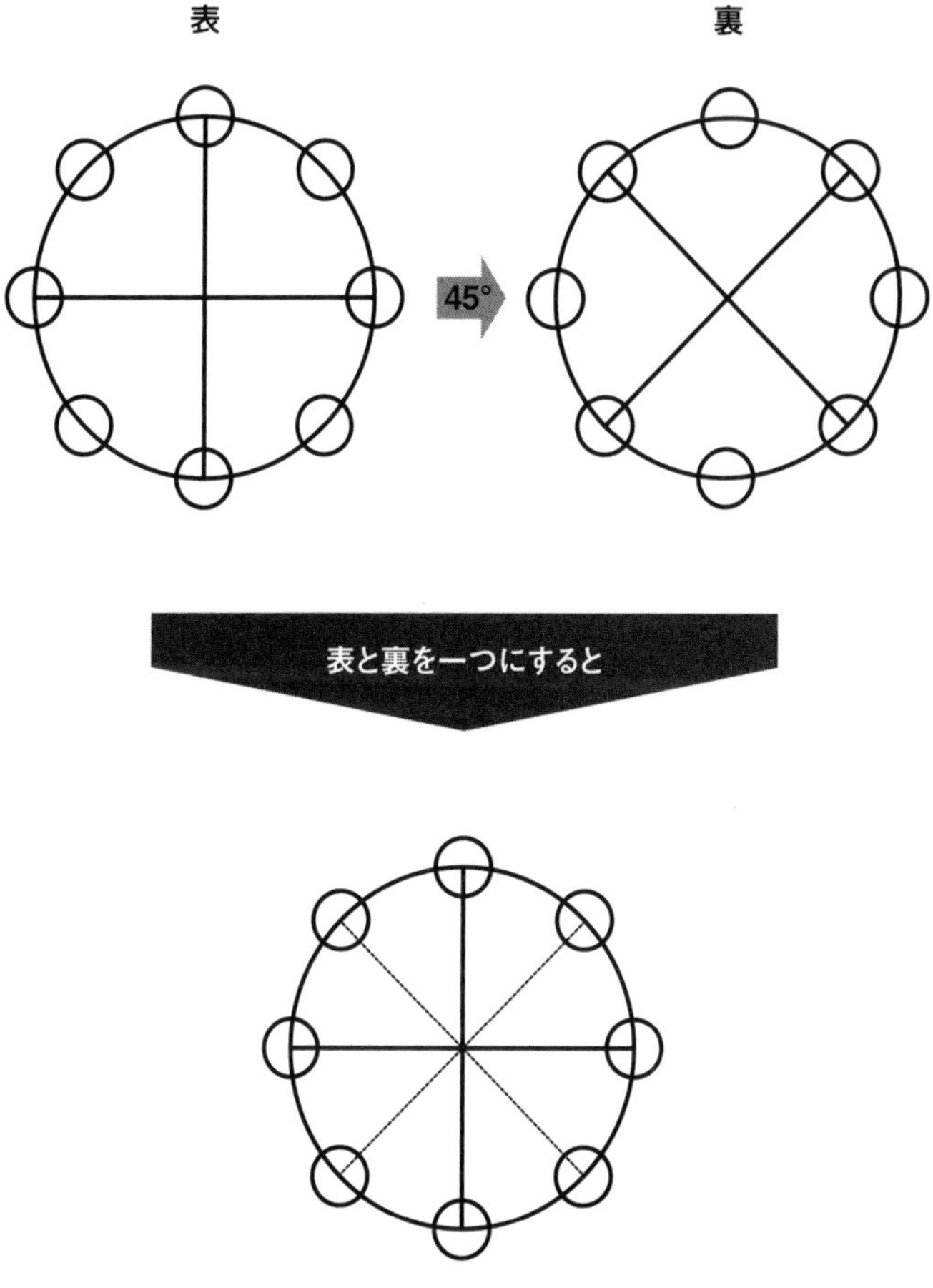

点線は裏側の図形を表す

「フトマニ」のねじれ

左図①のように、中心図形フトマニの表（陽）と裏（陰）は、45度の角度でねじれの関係にあります。フトマニの表（陽）と裏（陰）の形は同じでも、45度の角度でねじれと、

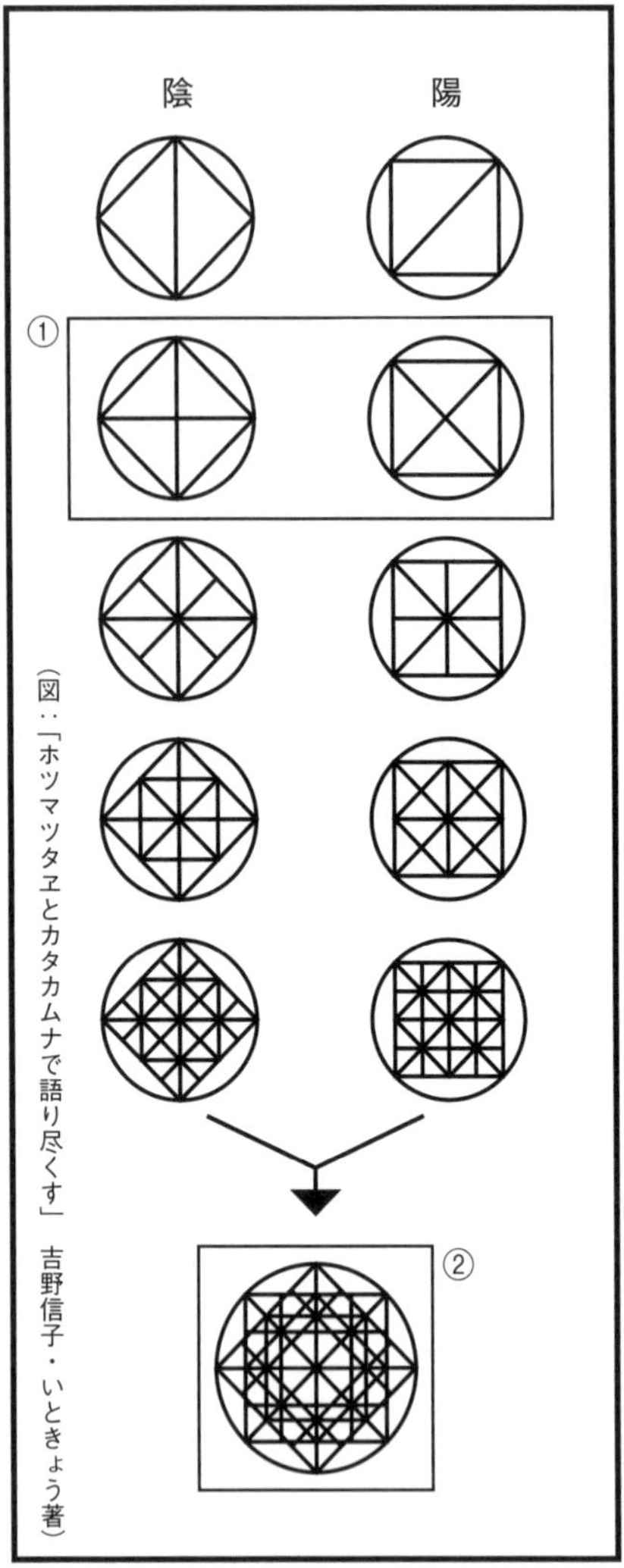

（図：「ホツマツタヱとカタカムナで語り尽くす」　吉野信子・いときょう著）

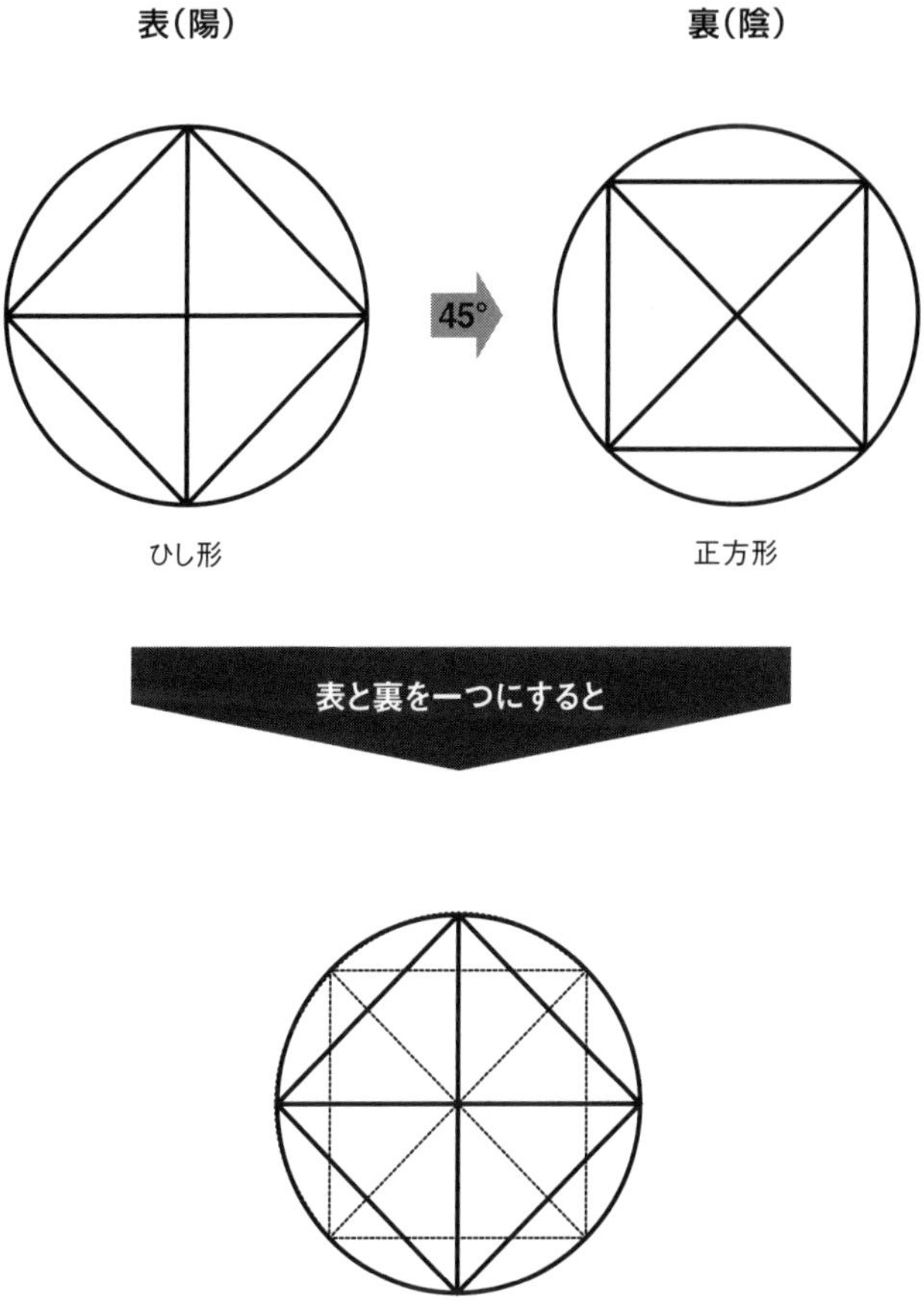

点線は裏側の図形を表す

ひし形が正方形になります。陰の系列と陽の系列の二つが一つになると、図②のように
ホツマのヲシテ文字の基本形になります。フトマニの表（陽）と裏（陰）がねじれた図は、
カタカムナより後の時代の文字であるヲシテ文字へと受け継がれていったのです。ヤタ
ノカカミの表と裏の十字がねじれていることと、フトマニのねじれ関係にある陰と陽の
2つの図形を合わせた図（図②）がホツマのヲシテ文字の基本形になることから考える
と、ヤタノカカミやフトマニにみられる45度のねじれは大変重要だと考えられます

●まとめ

図で見るように、ヤタノカカミとフトマニの二つの中心図形の表と裏は、45度の角度でねじれの関係にある。このねじれが、ねじれ場と呼ぶ三次元↓高次元を可能にする空間を生み出します。ねじれ場がなければ、見える世界（現象界）と見えない世界（潜象界）は循環することができません。これは人体にもねじれがあり、ＤＮＡにもねじれがあることと関係があります（Ｐ１６８参照）。

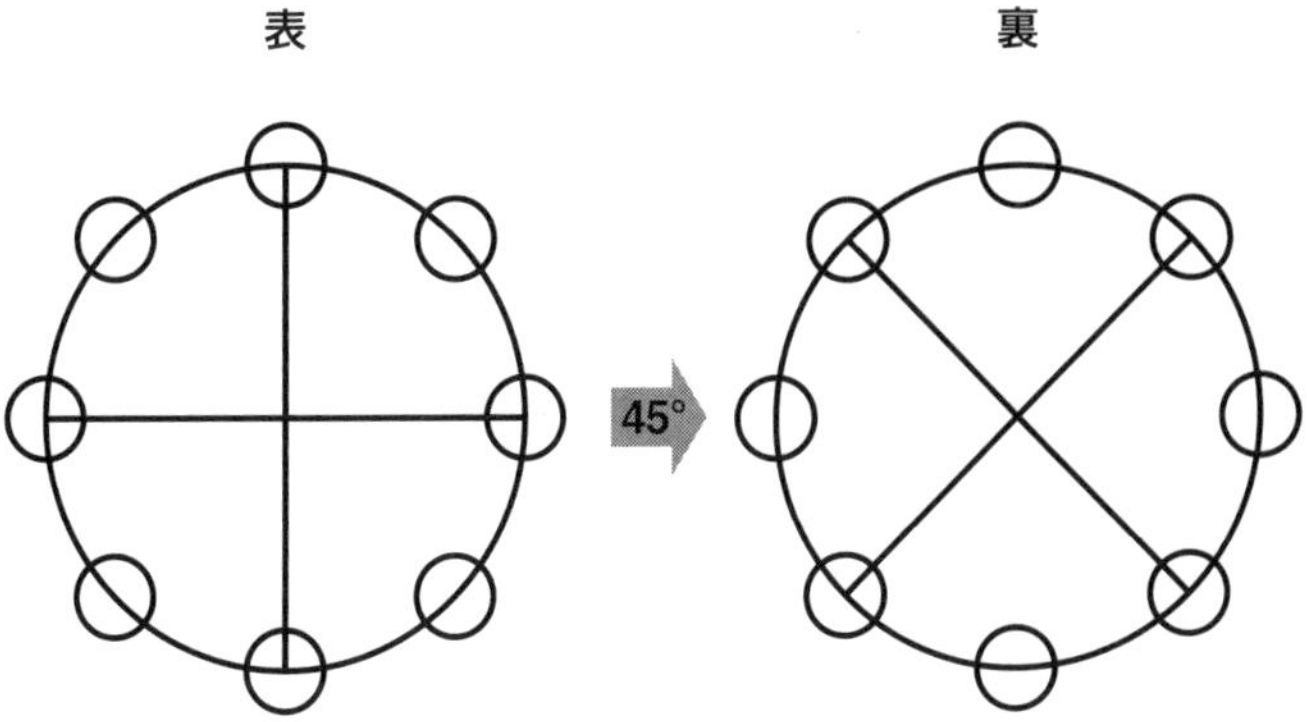
表
裏
45°

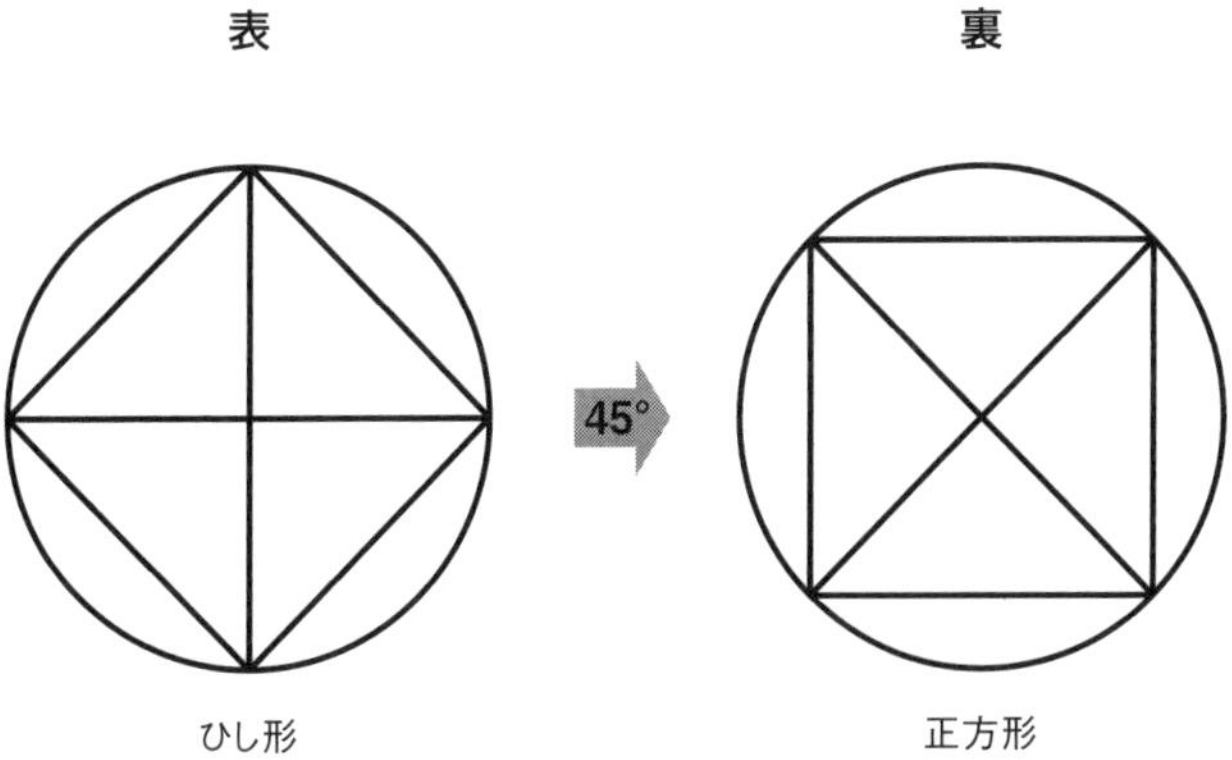
表
裏
45°
ひし形
正方形

人体もメビウス構造になっている

人の身体にもねじれがあります。身体の裏側である背中は、筋肉が発達しているため、触ると硬い感じを受けます。一方、胸やお腹は触ると柔らかい感じがします。ところが、足から下は、一転して表と裏が逆になっています。足の表側は硬く、足の裏側は柔らかいのです。

これは、腰のところでねじれているために起こっています。また、ミクロではDNAもねじれていることが分かります。人にもねじれがあるということは、人はもともと高次元と繋がりやすいということです。

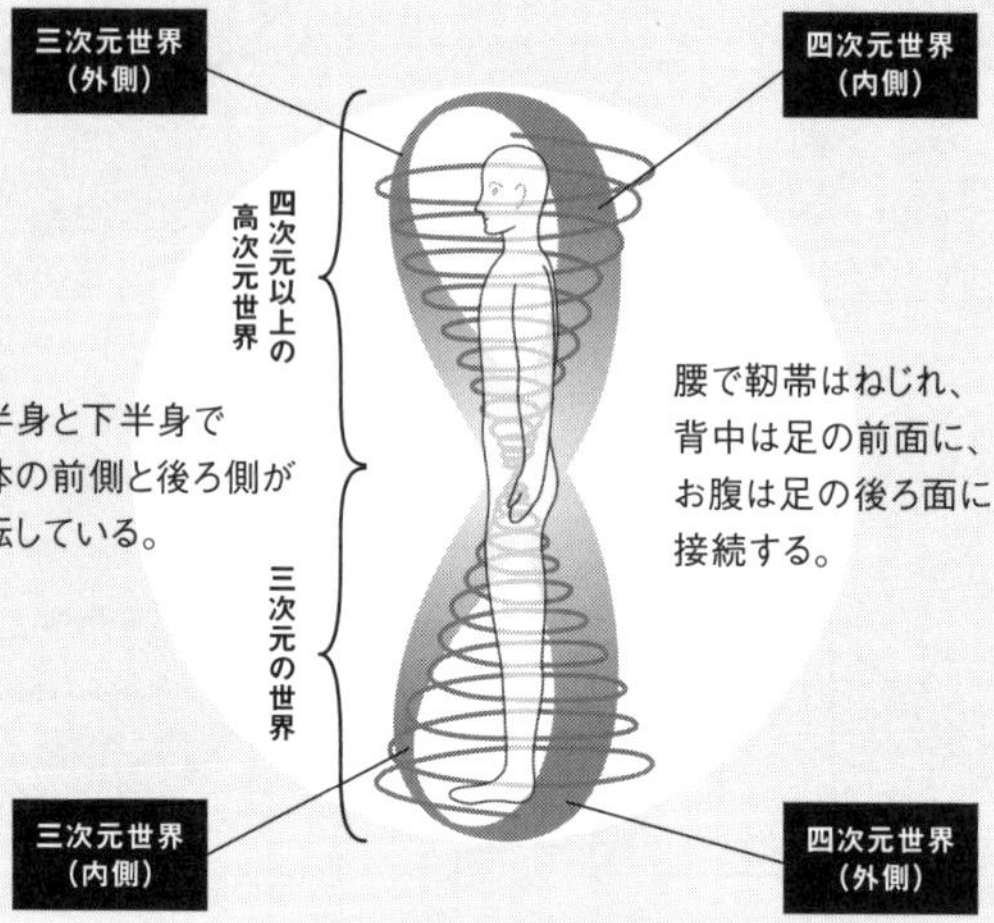
上半身と下半身で
身体の前側と後ろ側が
反転している。

メビウスの帯は、1858年にドイツの数学者によって発見されました。不思議な性質を持つ帯です。メビウスの帯の「表」をたどって一周すると「裏」の面に出てきます。メビウスの帯は、「表」も「裏」も区別のない帯です。

第十二章

カタカムナウタヒ４～７首を読み解く

第4～7首のウタヒを読み解くわけ

ヤタノカカミはカタカムナを象徴するシンボルです。ここからはヤタノカカミの構造や意味が述べられているウタヒのうち、重要な部分をお話ししたいと思います。（第1首～第3首については前章で解説していますので、そちらをご参照ください）ウタヒを読み解くことは、カタカムナの本質を知るためにはとても重要です。

第4首

イハトワニ　カミナリテ　カタカムナ　ヨソヤコト　ホクシウタ

前述したとおり、イは神であり「あいうえお」の五母音を表します。五母音は、永遠に神（創造の源という意味）のような力を持っていて、ウタヒは五母音を内包する48音の持つ奇跡ともいうべき力を発露させる。このことを伝えているのが、第4首のウタヒです。

ウタヒを詠っていると、私たちが日常で普通に使う言葉にも奇跡的な力が宿り、言葉にしたことが現実化しやすくなります。

第5首

ヒフミヨイ　マワリテメクル　ムナヤコト　アウノスヘシレ　カタチサキ

ウタヒ第5首は、カタカムナの中でも最も重要なメッセージを含んでいます。第5首のヒフミヨイ　マワリテメクル　ムナヤコトは、立体（球体）のヤタノカカミの構造と1～9に至る進行方向を示しています。これは電子（素粒子）やエネルギーの流れ方を示しているのかもしれません。そのあとに続くアウノスヘシレのアウは、数と数が合うことを示します。スヘとは「すべ（方法）」という意味で、アウノスヘシレ全体としては、数と数を合わせる方法を見つけなさい、という意味になります。

第5首のカタチサキは文字通り形（球体）を割くということを示しています（P173図）。具体的には、立体（球体）のヤタノカカミの4↓5、5↓6へと行く道筋は球の中心を通るので、カタチサキ（球を割くという意味）という表現がなされています。

第5首は、立体のヤタノカカミの構造を示していますが、ミクロレベルで考えると、原子核の周りを電子（素粒子）が一定の法則に従って立体的に公転しながらスピン（自転）している様子を表しているのかもしれません。

第8章で説明したヤタノカカミの裏表のモデル

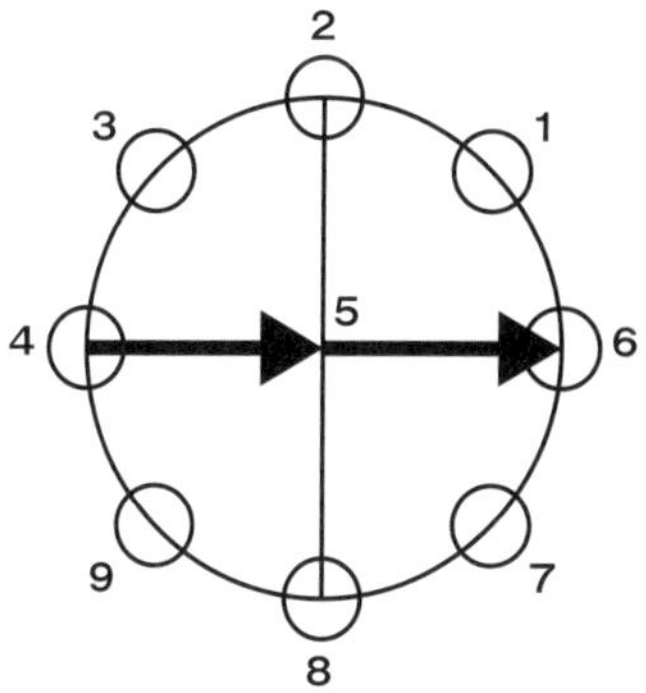

第9章で説明したヤタノカカミの球体のモデル

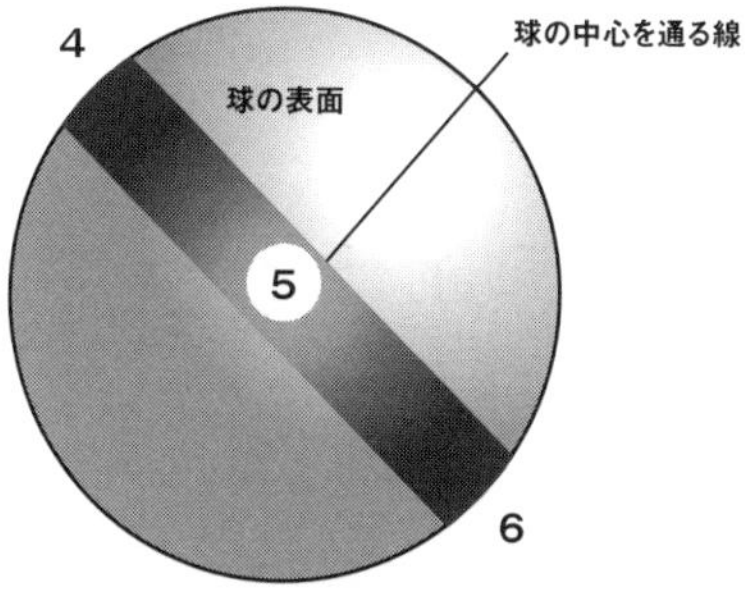

注）5は立体球の中心にある

2つのヤタノカカミのモデルとも、球体の中心を貫くように
4→5→6のルート（太線）があります。
これはまさに球体を割く、カタチサキということになります。

アウノスヘシレ

アウノスヘシレは「数と数を合わせる方法を見つけなさい」の意味であると前述しました。これに関しては、数行で説明できないため、改めて詳しく説明することにします。

古代中国には洛書という図があります。それを数字で二次平面に表したのが３×３の魔方陣です。この魔方陣は、縦横斜めの列の３つの数字を足すと、どの列でも合計が15になる不思議な図です。私は、この魔方陣を使って、多くのクスリ絵を作ってきました。そして、それで多くの症状や病気を癒してきました。

このような体験から、３×３の魔方陣には、人を治す力が間違いなくあると確信しました。

図L

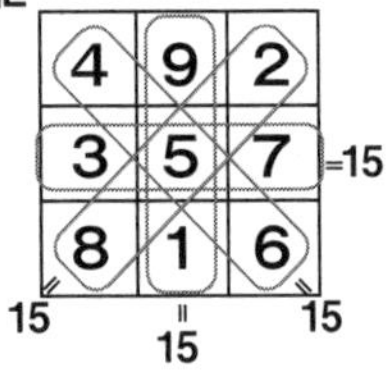

図M

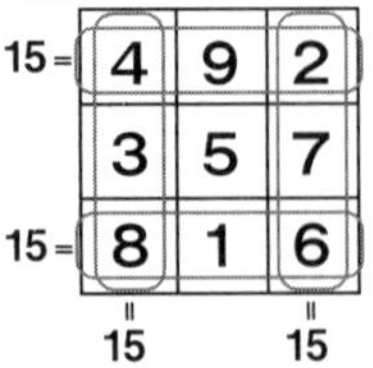

4	9	2
3	5	7
8	1	6

洛書の魔法陣

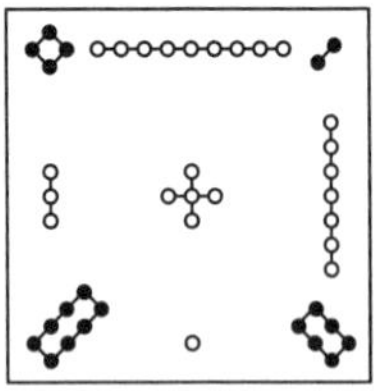

洛　書

そして、いつかこの3×3の魔方陣を平面ではなく立体にして治療に使おうと思いました。ところが、3×3の魔方陣を立体にすることは思いのほか難しかったのです。三年ほど、試行錯誤を繰り返し、様々な立体の3×3の魔方陣を試作しましたがうまくいかず、そのうち諦めてしまいました。ところが、今回立体のヤタノカカミを作って驚いたのです。立体のヤタノカカミこそが、私が求めていた3×3の魔方陣の立体そのものだったからです。これについては、球状の立体のヤタノカカミで説明すると分かりづらくなるので、立体のヤタノカカミを作る時に使った正六面体を使って説明していきます。

正六面体の線に注目すると、【⑨－五－一】を一直線に結ぶラインがあります。また、【④－五－六】、【②－五－八】、【三－五－⑦】のラインもあります。これは洛書でいうと、図Lの囲ったところを示します。

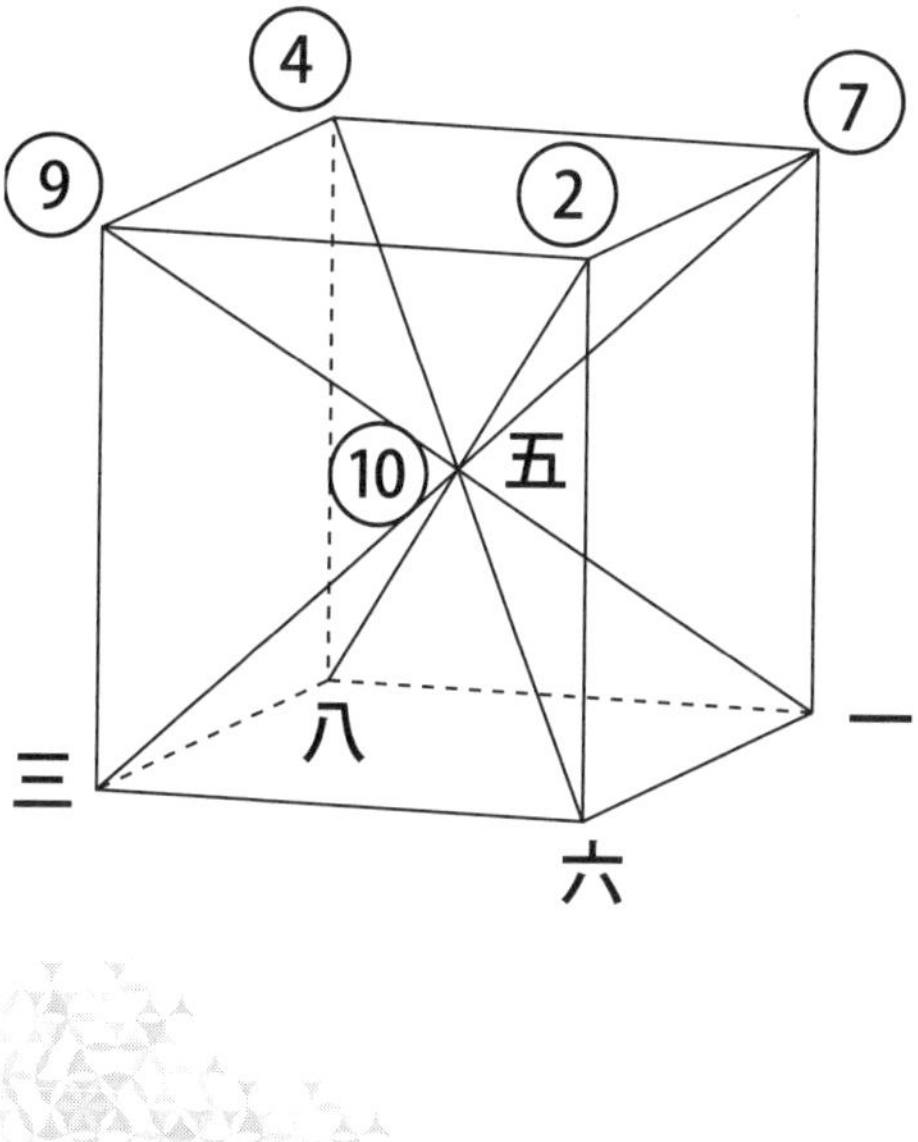

また、面に注目すると、【②－④－⑨】を結んでできる三角形の面があります。その他、【三－④－八】、【一－六－八】【②－⑦－六】の面もあります。これは洛書でいうと、図Mの囲った部分になります。

正六面体のヤタノカカミと洛書は、立体と平面という次元の違いはありますが、同じことを表現しています。洛書の立体バージョンが立体ヤタノカカミなのです。

アウノスヘシレとは、洛書にあるように、どの列を足しても15になるように数と数を合わせなさいという意味だったのです。

洛書が示す3×3の魔方陣は、宇宙の理《ことわり》です。真理には、人を癒したり、人の人生をよりよいものに変化させる力があります。立体のヤタノカカミは、立体の洛書であるため、これを持つだけで、人は癒され、人生におけるイヤな現実はイイネに変換されます。

私は立体のヤタノカカミを使うことで、今このことを実感しています。

また、第5首のヒフミヨイムナヤコトは洛書の本質を表しています。洛書は、宇宙そのものを表すと言われています。5は洛書の中心にあります。5（イ）は、宇宙を表す図の中心にあるため神なのです。洛書は中国のものと言われていますが、元々はカタカムナからきたものです。

タオと立体ヤタノカカミ

立体のヤタノカカミは、洛書の理《ことわり》(真理)を示していました。立体のヤタノカカミは、これ以外にも驚くような秘密が隠されています。それは、立体のヤタノカカミが陰陽のマークの立体であるということです。1234が陽だとすると、5を起点として6789が陰になります。

立体のヤタノカカミはタオに繋がる叡智を育む三種の神器の一つでもあったのです。

立体のヤタノカカミは洛書やタオのシンボルを立体化したもの。そのため立体のヤタノカカミは絶大な力を持ちます。

第6首

ソラニモロケセ　ユヱヌオヲ　ハエツヰネホン　カタカムナ

図のように、第6首のユヱヌオヲのカタカムナ文字の形を見ると、全て同じ形をしています。ただ回転の仕方が違うだけです。これは、電子や素粒子、もしかするとこれらの基になる最新物理学のヒモ理論のヒモが自転していることを表しているのかもしれません。ユヱヌオヲとは、カタカムナ人が直観によって、本来肉眼で見えるはずのないヒモを透視して、結うことのできないヒモと表現しているのかもしれません。ソラ（空）には「時空間」という意味があり、モロケセには「溢れんばかりに満たす」という意味があります。第6首はウタヒが時空を満たすほど多くのヒモを生み出す源になっていることを意味します。

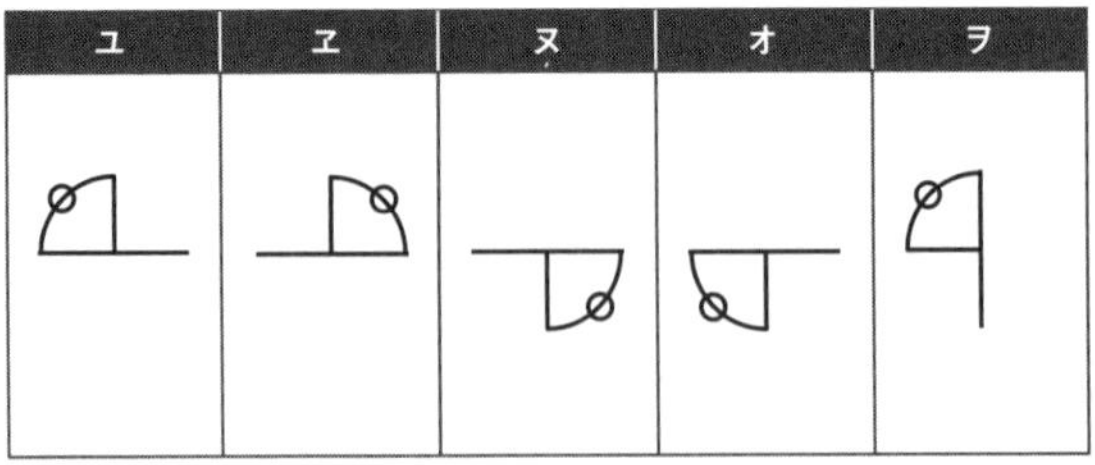

第7首

マカタマノ　アマノミナカヌシ　タカミムスヒ　カムミムスヒ　ミスマルノタマ

第七首は基本的には立体のヤタノカカミの構造と働きを示しています。

マカタマはヤタノカカミの立体を、アマノミナカヌシのミナカは御中という意味であるため、立体のヤタノカカミの中心（5）を示し、タカミムスヒは1〜4への進み方を、カムミムスヒは6〜9への進み方を示しています。そして、これらによって、調和した球状の時空間（ミスマルノタマ）が現れるということです。

大切なのは立体のヤタノカカミを持って、ウタヒ第7首を詠うと立体のヤタノカカミが作動し始めるということです。それはまるで、『天空の城ラピュタ』の中で「バルス」と唱えると城が崩壊し、純粋な飛行石の結晶が現れるかのように作動します。ただウタヒ第7首を詠うだけでも高次元空間は現れますが、立体のヤタノカカミを持ってウタヒ第7首を詠うと、より調和した時空間を発動させることができます。

おわりに

今回は『超古代の最先端医学　カタカムナの活用術』をお読みくださりありがとうございます。また、出版の機会を与えてくださいました、ビオ・マガジン西社長、染矢真帆さんありがとうございます。

本書では、主に母音を中心に詠う方法と、ヤタノカカミの立体について述べさせていただきました。カタカムナは詠うだけでも、人生に十分大きな変化を起こすことが出来ます。しかし、ヤタノカカミの真の姿を知ることによって、更に人生の創造者として生きる道が開けます。実際、私はカタカムナを実践することによってイヤな現実をイイネに、または自分の成長にとって不可欠な現実に変えた人を数多く見てきました。

是非、皆さんもこの至宝ともいうべきカタカムナを活用していただきたいと思います。ビオ・マガジンから出版した『クスリ絵2　目醒めと気づきのカタカムナ』もご参考ください。

また、私どもでは「カタカムナ医学校」を企画していますので、理解を深めたい方はどうぞご利用ください。

2023年1月1日

丸山　修寛

丸山 修寛（まるやま のぶひろ）

医学博士。丸山アレルギークリニック院長。山形大学医学部卒業。東北大学第一内科で博士号を取得。東洋医学と西洋医学に加え電磁波除去療法、波動や高次元医療、色や形の持つ力を研究し、見る・触れるだけで不調をケアできる〝クスリ絵〟を開発。これら独自の治療法は、多くのメディアで取り上げられる。

著書『奇跡が起こるカタカムナ生命の書』（本田印刷出版部）、『魔法みたいな奇跡の言葉カタカムナ』（静風社）他、小社から刊行の『クスリ絵』シリーズは好評を博しベストセラーに。

http://maruyamanobuhiro.com/

声に出して不調知らず
超古代の最先端医学 カタカムナの活用術

2023年2月1日　第一版　第一刷
2023年8月30日　　　　　第二刷

著　　　者　丸山 修寛

発　行　人　西 宏祐
発　行　所　株式会社ビオ・マガジン
〒141-0031　東京都品川区西五反田8-11-21
五反田TRビル1F
TEL:03-5436-9204　FAX:03-5436-9209
https://www.biomagazine.jp/

編　　　集　染矢 真帆
編 集 協 力　田岡 祐子（ユニカ）
校　　　正　株式会社 ぷれす
デザイン・DTP　前原 美奈子
印 刷・製 本　株式会社シナノパブリッシングプレス

ISBN978-4-86588-127-1 C0011

立体ヤタノカカミを作ってみよう

付録：P142～145と連動